その恋、
今のままでは
もったいない!

本気の恋を実らせる48のセオリー

ヨダエリ｜著

情報センター出版局

はじめに

はじめまして。ヨダエリと申します。

本書のタイトル、「その恋、今のままではもったいない！」は、恋に悩むあなたに、そのまま伝えたい言葉です。

「もったいない！」は、ワタシが友人知人、そして連載中の恋愛相談コーナーに相談を送ってくれる皆さんに対して、しょっちゅう使っているフレーズなのです。


「そこで放りっぱなしにするなんて…もったいない！」

「そこで誤解を解かないなんて…もったいない！」

「そこで想いを伝えないなんて…もったいない！」

「そんな相手にダラダラ時間をさくなんて…もったいない！」

「そこで自信を失っちゃうなんて…もったいない！」

もったいないが示す対象は、あなたの時間だったり、あなたのチャンスだったり、魅力だったり成長する機会だったりと、さまざまです。

とにかく、もっとよく考えて、そのうえで思いきって行動すれば、絶対あなたの人生はもっとハッピーになるのに！（だから勇気を出しましょうよ！）というワタシのココロの叫びが、このフレーズに詰まっています。

「そんなこと言われても悩んじゃうものは悩んじゃうわけで…」と思うかもしれません。確かにその通りです。でも、あなたが今いる状況と、あなたの気持ち、相手の気持ちを一つ一つ掘り下げていけば、必ずや何がモンダイなのかが見えてきます。あなたはそれに気づく機会を得ていないだけで、あなたが幸せになるための突破口は必ずあるのです。

ただ、掘り下げる作業は多少の勇気とスキルと手間が必要なので、一人でするのはしんどいかもしれません。

だからこそ、本書を活用してほしいのです。

「何か確実にモンダイがあるような気がするけど、考える気になれない…」
「どうにかしなきゃと頭ではわかっているけどココロがついていかない…」
「周りに相談できる人がいない…」

「悩み過ぎてよくわからなくなってきた…」

…などなどなど。恋愛のブラックホールに入り込んでしまったあなたをグイッと引っ張り上げるべく、親友に語りかける気持ちで書きました。親友にはその場しのぎの気休めを言ったり、キビシイことだけ言って突き放したりはできません。本当に幸せになってほしいし、笑顔を見せてほしいからです。

恋愛は計画書にもとづいて進めるものではないですし、起きてからでないとわからないことは山ほどあります。失敗しないようにと思うあまり頭デッカチになってしまっては、恋愛の愉しみは半減します。でも、失敗のなかには未然に防止できることだってあるのです。恋愛の形は十人十色ですが、人の気持ちや行動パターンには大部分の人に当てはまる普遍的なモノもあるからです。そしてそれを学ぶのが恋愛の醍醐味の一つでもあります。

紹介しているケースには、あなたの恋愛に当てはまるものがきっとあるはずです。状況が整理されることであなたの頭には電球マークが、自分や相手の本音が見えてくることでココロにはハートマークが、ピカッと点滅することを祈りつつ！

さあ、一緒に解決策を考えていきましょう！

chapter

1

片思い

そこで行動しないなんて、もったいない！

一目惚れした彼をふり向かせたい

一目惚れから始まる恋は劇的です。あれこれ考える間もなく、恋心が体のなかにどんどん広がっていきます。でも、ひとたび相手の反応にマイナス要因を感じてしまったら？……いきなり動くのが怖くなってしまう、という人は、きっと多いのではないでしょうか。社会人のかやさんのケースは、こうでした。

case 01

同僚から紹介された男性に一目惚れ！ でも人見知りするらしく手応えがイマイチ… どうすればふり向かせられる？

同僚から紹介された男性に一目惚れをしました。彼は失恋したばかりらしく、最初は同僚も含めて3人で食事をすることに。その後、同僚を通じて彼のメルアドをゲット。でも、メールの返事はあったりなかったりで「もしや迷惑がられてる？」と、同僚に相談してみたところ、「前の彼女にもそんな感じだったよ。人見知りが激しくてメールも苦手だから、よく誤解されるみたい」とのこと。彼の気持ちがわかりません。どうすればふり向いてもらえるのでしょう？（かやさん）

…これは確かに悩むかもしれません。なにせ彼の情報はあるようでないような、ないようであるような、微妙な状態。でも、ヒントはあるのです。それらを掘り下げていくことで、きっと見えてくるものはあります！

彼はどんなタイプ？

それではまず、彼へのアプローチ方法を探るために、こういうタイプの男性の内面にはどんな気持ちがあるのか？　ということをかやさんのケースを例に一つ一つ考えていきましょう。

まず、『出会いは一目惚れ』。

ハッキリ言えるのは、彼が確実にモテる男性だということです。かやさんが一目惚れをしたというのが、その証です。彼は一度会っただけの女性を惚れさせてしまうくらい、ビジュアルが優れた男性なのです。

ビジュアルが優れている＝顔がいい、とは限りません。ビジュアルが優れている＝モテる、でもありません。いくら顔が素晴らしく整っていても、ファッションや髪型などに全然気をつかっていない男性は女性受けが悪いですし、顔だけ良くても女性慣れしていずビクビクしていたり、逆に鼻息が荒く余裕がなさすぎる男性は、絶対にモテません。

おそらく彼は、ファッションや髪型なども含めた全体の雰囲気が素敵で、モテそうだけれども軽いわけでもなく、失恋したばかりとはいえ、女性を物欲しげに見る感じではなかったのでしょう。

では次、『彼は人見知りが激しい』。

これ、彼をふり向かせるうえで重要なポイントです。

人見知りが激しい人というのはつまり、人に対して簡単にココロを開かないということです。

なぜ開かないのか？

簡単にココロを開いたら何かしら嫌なことがある、という概念が彼のなかに根付いているからでしょう。その理由が「自分のなかに土足で踏み込まれるのが嫌」だからなのか、「本当の自分を見せることによって幻滅されたくない」のか、「人を信じることによって自分が傷つくのが嫌」なのかはわかりません。それ以外の理由かもしれないし、実はそこまで深い理由はなく、単にめんどくさがりやだけなのかもしれない。

いずれにせよ、これはチャンスです。なぜなら、こういう人を好きになった女性たちのほとんどが、「脈なしかぁ」と早い段階であきらめてしまうからです。彼はこれまでいろいろな女性と付き合ってきたかもしれませんが、きっと彼女たちにココロは許していません。「誤解されやすい人」だとか、「元カノのときもそんな感じだった」などと同僚が語っているのがその証拠です。

彼は周りの人から「あいつ、変わったな」と言われるくらいに自分の雰囲気や人生観を変えるパワーがある女性に、まだ出会っていないのだと思います。ならば、カヤさんがそうなればいいのです！「彼がココロを開く初めての人になってやる！」くらいの意気込みで根気よく彼に接することが大切です。

最後に、『よく誤解される』。

これは言いかえると、表に出る行動と、実際に思っていることが必ずしも一致していない、ということです。そんな彼にアプローチするには…こねくり回したわかりにくい方法ではダメです。わかりにくい人にわかりにくいアプローチをしても、事態はどんどん複雑になるだけ。彼とコミュニケーションしていくなかで、手応えを一つ一つ確かめながら、距離を縮めていくしかありません！

では、それらをふまえたうえで、具体的にどうしたらいいかを考えていきましょう。

好意を伝える

かやさんの場合、同僚も含めてご飯を食べたということですが、彼が失恋したばかりであることを知ったということは、多少の恋愛トークはしたのだろうと推測します。もしありしていないのであれば、これ絶対にすべきです！ちなみに、今彼女がいるのか否かは絶対に聞くように。これを聞く勇気がないようでは、今後の見通しは暗いです。もしあなたが「恋愛にまつわる質問をすることは、好意が相手にバレてしまうことだから恥ずかしい」なんて考えを持っているのだとしたら、そんな考えはとっとと捨てるべきです。

「バレたら告白の手間が省けてラッキー」くらいに思いましょう！

彼と話をするのは彼に好意を示すという重要な目的を含んでいるということを忘れないでください。できれば相手から告白してくれるのがベストですが、その場合でも、男性は「この女性は自分に好意があるのかもしれない」というサインを感じているからこそ告白してくるのです。

サインを出すことを躊躇してはいけません。そして、恋愛トークをしていくなかで、自分の話も織り混ぜましょう。人は、ココロを開いて話してくれる人には「自分も心を開こうかな」と思うものなのです。

注意するべきこと

しかし、必ず注意するべきことがあります。

それは、重たい雰囲気で言ってはいけない、ということ。

男性が嫌がるもの、それは、重く粘っこい空気で相手を欲する、束縛したがる、それでいて自信のない、要は「ジトー」という形容詞がピッタリハマる女性です。

これは、その女性が美人であろうとスタイル抜群であろうと関係ありません。ジトーとした女性から男性は逃げたくなるし、逆に言うと、美人でなくてもスタイルが良くなくても、ライトな雰囲気で、自分から好意を示してくれるが強引ではない、そんな女性は男性から「居心地がいいな」と思われます。

また、「今、彼女はほしいのか、失恋した相手とはいつ別れたのか、その理由は何だったのか、好みの女性はどういうタイプなのか、逆に苦手な女性はどういうタイプなのか」ということは、恋愛トークの一環として彼に聞いた方がいいのですが、これらの質問をドドドと矢継ぎ早に浴びせ掛けたら「なんなんだこいつは！」と迷惑がられること必至です。自分の気持ちを強引に押しつけない謙虚さは忘れないようにしてください。

まとめると、このようなタイプの彼をふり向かせるためには、「私は○○さんに好意を持っていて、○○さんのことをもっと知りたいから、よかったら聞かせてくれるとうれしい」というスタンス、つまり、好意＋ライト＋謙虚の3点セットを心がけて、話しかければいいのです。

セオリー 1
好意＋ライト＋謙虚の3点セットで話しかける

もちろん一朝一夕にして成るものではありません。なぜなら、好意＋ライト＋謙虚は、ともすれば相反するモノ同士だからです。実際、好意を示そうとして重く思われてしまったり、ライトに接しようとして図々しく思われてしまったり、謙虚にしようとして卑屈に思われてしまったりすることが、恋愛においてはしょっちゅう起こってしまいがち。

だからこそ、この3点を同時に成立させることができれば、これ最強。「なんとやりとりしやすい、行動をしやすい空気を作ってくれる子なんだろう」と、男性は頭で理解しなくても、本能の部分で快く感じてくれるはずです。

自然とそんなコミュニケーションができるようになるにはある程度の経験の積み重ねが必要ですが、好意＋ライト＋謙虚の3点を常に心がけるだけでも、あなたの醸し出す空気は全然違ってくると思います。

「好みじゃない」と思われたら

ただ、さきほど、彼が人見知りなのは「人に対して心を開かない」からという説明をしましたが、実は、もう一つの可能性があります。

それは、彼は好き嫌いが激しい人かもしれない、ということ。

好き嫌いのモンダイは本能と繋がっているので、「好みじゃない」と思われた場合、これはもう、どうしようもない。それは覚悟しておきましょう。

そんな悲しいこと言わないで！　と思うかもしれませんが、「ダメならダメでしょうがない」と覚悟しておくことは、重い空気を漂わせないためにも大事です。恋愛は一方通行では成り立たない。お互いがお互いを向いていないと成り立ちません。相性が悪い人と無理矢理くっついたところで、決して幸せにはなれないのです。

セオリー2　拒絶の覚悟が「ライト」につながる

とにかく、彼の難易度が高くても、あきらめてしまう前に、好意＋ライト＋謙虚の3点セットを実践しましょう。モテる相手であればこそ、効果を発揮すると思います。彼に対して告白してくる女性や、告白はしないけれども何かとメールしてくる女性はきっとこれまでに何人もいたと思います。今だっているかもしれません。

そんな女性たちのなかであなたが光り輝くためには、他の女性たちが陥りがちなNGをおかさないことが大切なのです！「好意があるくせに自分からは行動しない」「人の気持ちを考えず強引」「重い空気がただよっている」などなどなど。つまり、3点セットの逆ですね。

ただ、謙虚さが大事とはいえ、人見知りする彼に自分も人見知りをしていたら、関係は進展しません。「自分が彼のココロを開かせてやる！」という意気込みを持ちつつ、でも急激なアプローチは相手を戸惑わせることを理解して、気長にゆったりと向かって行ってください。

…なんだか非常に難易度の高いことを言ってしまった気もしますが、一目惚れさせるだけの魅力があって、なおかつ人に簡単にココロを許さない相手をふり向かせるのって、それだけ大変なことなのです。

でも、そのための努力をしていくことであなたの経験値と魅力は確実にアップしますし、今後の恋愛に必ずや生きてきます。

メールが苦手な彼とは会って話した方が距離を縮めやすいので、「気になるお店があるので行ってみませんか？」などと口実を作って食事にでも誘ってみてください。もちろん、恋愛トークをするのも忘れずに！

彼の本命になりたい

二番手三番手ではなく、彼にとって唯一無二の本命になりたい。その願いは恋する女性にとって永遠不変のもの。でも、それが難しそうな男性を好きになったら、どうすればいいのでしょう？

case
02

片思いの彼とあいまいな関係を続けていた私。彼が彼女にふられてチャンス到来!?

彼女持ちの男性に恋をしました。ちょっとした肉体関係もあり曖昧な関係が続いていたのですが、ある日、彼が恋人にふられ、フリーになったのです！　ならばと、本格的にアタックしようと思ったものの、彼はまだ元カノを好きそうに見えて躊躇してしまいます。最近は彼と元カノがしゃべっているのを見るだけで嫉妬してしまう…。これからどうすればいいのでしょう？（アキさん）

…悩みどころですね。状況は多少好転している気がするけれど、肝心の彼の気持ちは、まだ元カノにあるように見える…。

ちとモンダイだなぁと思うのは、彼と「ちょっとした肉体関係」を持っているという点です。倫理的にモンダイということではなく、彼にアプローチするうえで不利だという意味でモンダイです。では、どこがどうモンダイなのか？　そこを解説しつつ、対策を考えていきましょう。

彼と体を重ねる至福の喜び

「ちょっとした肉体関係」を持っていると、なぜアプローチをするうえで不利なのか？

肉体関係を持っているということは、アキさんはそうなる前に「付き合って」と想いを告げたか、ハッキリ告げなくとも何らかの形で好意を示したのだと思います。言葉で示していないとしても、それに相当する、いやむしろそれ以上の好意を彼に示しているも同然です。なにしろ「肉体」で「関係」を持ってしまったのですから。

女性は好きな人やときめく人には触れたいと思います。抱きしめられたい、抱き合いたい、肌を重ねたいと思います。つまり、好きな人にはカラダを開放できます。そして彼とカラダを重ねるひとときは至福の時間となります。

これがもし好きな相手ではなく、生理的に受け付けないタイプだった場合は、至福どころか地獄です。同じ行為でも、相手によって天国にも地獄にもなる。それくらい女性が肉体関係を持つという行為はセンシティブなことであり、女性の気持ちが反映される重要なモンダイというわけです。

男性は「まあいっか」と思える生き物

では男性はどうか。男性も好きな人やときめく相手に触れたいと思います。好きな女性とカラダを重ねることは至福の喜びとなります。

が、「相手によって天国と地獄」とまではならないのが女性とは違うところです。もちろん男性にだって好みはあるので「絶対ムリ」と感じるケースもあるでしょう。でも、許容範囲が女性より確実に広い、それは確かです。

つまり、相手が本命でなくても、そこまで好みじゃなくても、「まあいっか」と肉体関係を結ぶことができる。そして行為の最中はそれなりに楽しむことができる。それが男性なのです。

「そんなこと言われなくたってわかってます！」と思っていたら、ゴメンナサイ。とにかく、女性と男性は、ことほどさように肉体関係に対するスタンスが違います。女性は相手を選んでカラダを開きますが、男性は女性ほど相手を選ばず、さらには肉体関係を結んだ後、テンションがガクッと急降下します。相手を征服できてしまったからです。

セックスしても征服した気になれないのが「本命」

相手が本命の女性であれば別です。一線を越え、達成感を覚えた後でも、「他の男にとられたくない」といった焦りや「こいつは本当に自分を好きなんだろうか」という疑いなども生じたりするので、頑張って愛情を示そうと努力するし、ポイ捨てしたり軽んじることも、まあ、ありません（まったくないかというとそうは言い切れないのでこういう言い方をしてしまいますが）。

モンダイなのは、男性にとってその女性が本命でなかった場合、つまり、アキさんのようなケースです。本命じゃない女性と何を言い交わすこともないまま肉体関係を持つ。これは、男性にとって、その女性を落とすために何の努力もせずに済んだ、すなわち「タダでもらった」

と同じです。人間をモノにたとえて話すなんて！　と思うかもしれませんが、話をわかりやすくするために、あえて言っています。

大事にするのは代償を払ったモノ

努力をしたり代償を払ったうえでもらったモノと、タダでもらったモノとでは、人間はどちらを大事にするでしょう？　言うまでもなく前者ですよね。タダでもらったモノに対しては「まあ、タダだったしな」とそこまで執着を持たずにいられるのが人間というものです。

さらに言うと、タダでもらったモノに関して「これからはタダじゃなくなりましたので」と言われても「えぇぇぇ」と思うのが人間です。「タダだったからもらったんだよ？」とまで言う人だっているでしょう。

アキさんの好きな相手がそこまでヒドイことを言うかどうかはわかりません。が、彼がそう思ってもおかしくない状況、つまり、アキさんにとって不利な状況を、アキさん自身が作り出してしまったことは事実です。

アキさんがすでに彼にカラダを開いていることによって、彼の狩猟本能は満たされてしまっている。アキさんを追うための重要なモチベーションと成り得る征服欲が満たされてしまっている！　つまり、彼はアキさんを追う理由がない！　そこがモンダイなのです！

アキさんは、彼が彼女と別れたあと、自分と付き合う気持ちがあることを確認したうえで、一線を越えるべきだったのです。本命として付き合いたいのであれば。そうでなく、セフレでオッケーということであれば、ワタシもこんなにうるさく言わないのです！

セオリー③ 彼の征服欲を早くに満たすと不利になる

…と、かなりシビアなことをガシガシ言ってしまいましたが、やってしまったことは今さら変えられないので、こうなってしまった場合、どうすべきかを考えていきましょう。

まず、『彼は彼女にふられてフリーだけど、未練がある様子』。

さあ、どうすべきか。

確かにチャンスです。彼、今弱ってますし。これが男女逆の話であれば、もっと話は早いです。彼氏にふられて傷ついている女性を慰めつつ近づいていった男性が、気づけば彼氏になっている…というパターンは世の中、非常に多い。「自分が弱っているときに助けてくれる男性」に女性は弱い、ということの現れでしょう。

では、男性にこのケースが当てはまるかどうかですが…当てはまる人もいるでしょう。でも、当てはまらない人も少なくないと思います。なんというか、男性は「熱意にほだされてＯＫする生き物」ではない、と思うからです。

もちろん、女性が熱烈アタックしてゴールイン、というカップルもいます。でもそれは男性が奥手であったり、女性に免疫がなかったり、縁がなかったり、あるいはたまたまその女性が好みのタイプだったりするケースが多いと思います。女性が「最初は何この人？ って思ったけど根負けしました（笑）」と語っている姿は見ても、「最初はなんだこいつ？ と思ったけど、根負けしました（笑）」なんて言ってる男性、見たことありません！ 単にワタシが見ていないだけでなく、それは男と女の違いなのだと思います。

男性は基本的には自分で相手を選びたい動物なのです。

セオリー4 男性は熱意にほだされない

アキさんが片思いしている相手は、本命彼女がいるにも関わらず、アキさんと関係を持てた。ということは、そこそこ女性慣れしているタイプだと思われます。そして、アキさんが「彼女がいてもいい！」と思って関係を持ってしまうくらい魅力のある男性なのでしょう。つまり、モテると。黙っていても女性が寄ってくるタイプだと。

そんな男性なので、さまざまな女性を見比べながら、自分にとってベストだと思われる女性を彼は選ぶはずです。これまでも、これからも。たとえ本人が自覚していなくとも。

つまり、これはいばらの道です。彼はただでさえモテる男性で、それだけでも成就させるのは大変なのに、アキさんはすでに彼と肉体関係を持ってしまっていて、「今さらターゲットにするべき相手ではない」と思われているのです（たとえ本人が自覚していなくとも）。

さあ、どうするか。

今後の対策

…少し彼と距離を置くことをワタシはオススメします。彼女と別れた彼に近づきたい気持ちはわかります。でも、ここで自分から彼に近づいていくのでは、彼はますますアキさんを軽んじると思います。「彼女にふられて悲しい→アキに慰めてもらおう」と彼が思うにしても、せめてその行動は彼に起こさせるべきです。というか、本当はそうやって彼から呼び出しがかかったとしても、理由を言って拒否すべきです。「私はあなたが好きだから、彼女の代わりはイヤ」だと。

「そこまで突っぱねなくても、最初は元カノの代わりとして付き合っていけばいいんじゃない？」と思う人もいるでしょう。

確かに、そうしていくうちに本命に昇格するケースもあります。ありますが…マレだと思います。すでにカラダの関係を持ってしまっているケースにおいては、ここで突っぱねないと危険です！「簡単に手に入る女」と深層心理で捉えられてしまうのです！

運よく付き合えることになったとしても、彼は簡単に元カノのことを忘れないでしょう。そうなったとき、今、自分を苦しめている「嫉妬」は、もっともっとつらく重いモノになっていきます。

嫉妬はツライです。嫉妬する要素がない平穏なときには「嫉妬する気持ちってどんな感じだっけ?」と忘れてしまったりしますが、ひとたびドス黒いネガティブな感情に巻き込まれると、本当に消耗します。嫉妬する自分を醜いと思いながらも、どうすることもできない。でもやっぱり相手が好きだから独占したい、だから嫉妬が止まらない。しかも、嫉妬に燃えれば燃えるほど、相手は自分を重く感じるようになるのです。

だからこそ、今、アキさんは彼に会うべきではないと思うのです。ちょっと距離を置いて、自分の気持ち、そして彼のことを見つめ直してみてください。

自分は彼のどういうところが好きなのか、なぜ好きになったのか。彼が元カノに執着する理由は何なのか。これから、その元カノに、そして元カノ以外の女性にも嫉妬する可能性が高いとして、自分はそれに耐えることができるのか。

セオリー5

いったん距離を置いて、自分の気持ちと彼のことを見つめ直す

そうしていろいろ考えてみたうえで、「やっぱり彼が好き。付き合いたい」と思うのであれば、ストレートに彼にぶつかってみましょう。

「まだ元カノのことを好きなのかもしれないけれど、私はあなたを好きなので、彼女として付き合いたい」と。

ここで言うべきことを言わないと、ズルズルと中途半端な関係が続き、泥沼に陥ることになります。それは避けて欲しい！言うべきことを言ってください。

そしてもし、彼が「元カノのことを忘れられない」とか「今は誰とも付き合う気がない」などと言ったら、難しいとは思いますが、キッパリあきらめてください。「今は誰とも」なんてのは言い訳ですから。そして、一度断られたけど二度目なら…という概念は男性には当てはまりません。一度目でダメなモノはダメなのです。それが男という生き物なのです。

でも、逆に言うと、告白したら即オッケーしてくれる男性、というか告白しなくとも自分のことを「イイ！」と思って彼女にしたいと願ってくれる男性はいるのですよ、必ず。なので、意中の彼と付き合えなかったとしても「この世の終わり」などと思わないでください！「ああ、こんなにうまくいく相手がいるんだ」と過去を笑えるようになる日が絶対に来ます！（運命の相手に出会うための努力さえ怠らなければ。このへんについては、また別の章でお話します）

彼に想いを伝えるならば、以上のことをふまえつつ、「もしダメでもたいしたことじゃない」という気持ちで挑んでください。

付き合いたい相手と付き合えないのは寂しいです。が、付き合うべきじゃない相手（運命の相手ではない人）と付き合うのも相当しんどいものです。嫉妬は恋愛のスパイスになりますが、恋愛のメインにするべきではないのです。

「好きだけど恋人はいらない」と言われてしまった

彼のことが好き。だから恋人になりたい。女性にとって、その心理は至って自然。でも彼に想いをぶつけてみたら、予想外の反応が…。23歳のアミさんは、そんなケースで悩んでいます。

case 03

好きだけど恋人はいらないという彼…私は彼の何なの？

４年間ずっと片思いしている彼がいます。仕事で知り合って一目惚れ、１年後にやっと連絡先を聞き出して二人で遊ぶようになり、メールで告白しましたが返事はナシ。でも、そのあと彼が急に優しくなり、再び告白したら「俺は彼女は作らない」と言われました。「好きでいていい？」と聞くと「いいよ、嫌いじゃないよ」とのこと。その後、本音で接してくれるようになり、抱きしめたりキスしたりするようにも。でも「好きになって」と言うと「彼女はいらないけど好きだよ」と相変わらずの返事。今では彼から「会わない？」と誘われてドライブしたり、彼の頼みで家まで送ってあげたりしています。周りの同僚たちは恋人同士みたい、と言ってくれますが、実際、私は彼にとってどんな存在なのでしょう？（アミさん）

結論から言います。彼の気持ちを確かめるには彼に直接聞くしかありません！

…と言いたいところですが、たぶん聞いても無駄です。おそらく彼は今までのように「嫌いじゃないよ」「大事に思ってるよ」などと、中途半端にアミさんを期待させるセリフを口にするだけで、「じゃあなぜ」とアミさんが疑問の渦に巻き込まれるというエンドレス・パターンに陥ります。

典型的ズルズルパターン

アミさんの置かれている状況に「わかるわかる…」「私もそんな感じ」と共感する人は少なくないと思います。なぜなら、この状況、モテるけどズルイ男と積極的で一途な女が織りなす典型的ズルズルパターンだからです。

典型的という言葉を悪い意味でとらないでください。それだけ、女にとって抗しがたい要素を含んだ悩みだということです。ジタバタしてしまって当然なのです。

では、どうするべきか。

アミさんの置かれた状況から、一つ一つ真実を突き詰めていきましょう。もしあなたが同じ状況にあるならちょっとキツイかもしれませんが、我慢して聞いてください。

まず、『出会いは一目惚れ』。

彼が相当カッコイイ男性であることを示しています。アミさん同様、彼に一目惚れする女性はきっと多い、つまりライバルが多いことになります。彼はその女性を選べる立場にいるのです。

『知り合って1年後にメールで告白したら返事はなかったが、彼の態度が優しくなった』。

彼は「付き合う気はないけど、ふるのはもったいない」と思っています。つまりキープしたいと思っているのです。

『1年前に再告白したら「彼女は作らない」と言われた』。

そう言えば「君は彼女にしたいと思うほどじゃない」というセリフを言わずに済みます。

『「好きでいていい?」と言ったら「いいよ。嫌いじゃないよ」と言われた』。

「近くにいられるのはウザイ」とは思っていないし去られるのは寂しいけれど、「好き」と言うことで生じるリスクは負いたくないのです。

『その後は本音を言うようになった』。

アミさんは本当に自分のことを好きなんだ、と実感したので、素の自分を見せても大丈夫かも、と感じたのかも？

『抱きしめてくれる、キスしてくれる』。

これらの行為は、相手を「恋人」と認めるのとは違って、お互いを束縛することには繋がりません。ゆえに、いくらでもできます。

『また「好きになってよ」と言ったら「彼女はいらないけど好き」と言われた』。

彼女にしたいと思うほどじゃないけど、去られるのはイヤ。彼は自分にとって都合のいい形で付き合い続けたいと思っているのです。

『最近よく「会わない？」と言ってくる。ドライブもする』。

彼から誘う頻度が増えているのだとしたら、アミさんへの甘えが強くなっている可能性あり。

『彼の送り役にも使われている』。

実はこれ、彼にとって重要なのかも…。

『結局４年間片思い』。

…。

…ごめんね。あなたがアミさんと同じ状況に陥っているとしたら、こんなこと言われてツライと思います。でも、おおむね間違っていないはずです。アミさんがこれを彼に読ませたら、彼、何も言えなくなると思います。いや、「そんなひどいこと思ってないよ！」などと言うかもしれません。実際、アミさんに好意（親愛）があることは嘘じゃないでしょう。が、それでもやっぱり彼はアミさんを恋人にしたくはないのです。

なぜなら、それはアミさんに束縛される、そして他の女性と大手を振って会えなくなることを意味するからです。

セオリー 6 「恋人はいらない」には裏がある

彼はモテる男性です。断言します。彼に限らず、人目で女性を惚れさせる魅力がある男性がモテないはずがないのです。そんな男性に寄ってくる女性はあなた以外にも山ほどいます。彼がゲイであるか仕事のストレスによって性欲が後退しているのでもない限り、確実に他のところで他の女性とセックスをしているはずです。まず、それを想像してみてください。どう感じますか？ イヤですよね？ それでも彼を想い続けますか？ …ここで「続けない」と言ってくれればワタシの役目は終わるんですが…たぶん想い続けますよね。では「束縛」の話に戻ります。

恋人になりたがらない理由

なぜ彼がアミさんと恋人になりたがらないのか？

それはアミさんに束縛される関係を「良し」としていないからです。

逆を考えてみればわかります。アミさんはなぜ彼と恋人同士になりたいのでしょう？ 彼を独り占めしたい、彼に甘えたい、彼といっぱい会いたい、彼に自分を最優先してほしいから、ですよね？ 彼は「彼女はいらない」と言っていて、本当に今は彼女がいないのかもしれません。が、さきほど書いたように、それに準ずる相手がいる可能性は大いにあります。

そして、アミさんと端から見たら恋人同士だと思われるような交際をしている。にも関わらず「彼女はいらない」。

これはもうズバリ「俺はお前に束縛はされたくない」「お前のすべてを受け止める気はない」

と言っているんですよ。お前とおしゃべりしたりドライブしたり抱きしめたりキスしたりするのはいいけど、束縛はされたくない、と。たぶんこの彼は自分なりに「面倒なことは避けたい」と思っています。あと、悪いことはするけれども「悪者」にはなりたくない。でなかったら、とっくにアミさんに手を出しているでしょうから。

ともあれ、彼がアミさんの人生を背負う気がないことは確かです。「彼氏彼女になるのって人生を背負うこと？ そんな大げさな」と思うかもしれませんが、彼にとってはそうなんだと思います。そして彼がそういう価値観を持っていることには、彼の何らかの過去が関係しているはずです（昔、彼女にめちゃくちゃ束縛されて辛かった、とか）。

ただ、前向きな要素がまったくないわけではありません。さきほどあげた要点のうち、『その後は本音を言うようになった』『最近よく「会わない？」と言ってくる。ドライブもする』は「もしや彼のアミさんへの思いが変化している？」と思わせる箇所です。

4年にわたって想いをアピールし続けたことで彼の心も傾き始めた…しかし、なにせ彼は男ですからねぇ…女性が男性からの根気あるアプローチに陥落、というパターンは珍しくないですが、男性は労力をかけずに落ちる相手には本気になりにくい習性が…（モテる男性であればなおさらです）。

都合のいい恋人

もしアミさんが、「誰が何と言おうとも彼を想い続ける」と言うのであれば、とことん彼のヒーラー（癒す人）となるのも手です。戦士を慰めるマドンナとなって、自分は何も求めず、彼のイヤな経験（あると決めつけてますが）から何からをひたすら受け止めてあげるのです。そうすれば、そうだなぁ、あと5年後には恋人になれる…かもしれない。

でも、それは「都合のいい恋人」になるということだと思います。だってアミさんは彼に一定以上のものを求めちゃいけないわけですから。これはキツイです。仮面夫婦の恋人版、しかも片思いバージョン。アミさんの大事な20代はそんな彼に捧げることになるわけです。

…やっぱりダメです！ そんなのワタシが許しません！ アミさんの愛を都合のいいようにあしらう彼ではなく、「待ってたよ！」とばかりに受け止めてくれる運命の相手が他にいるはずなんですよ！ なんで「悪者になりたくない」ことばっか考えてアミさんを飼い殺しにする男を想い続ける必要があるんですか！

…と、他人が説得したところで、「でも好きなんだもん！」ってなっちゃいますよね…。それが恋というものです。だから、今後も彼を想い続けたからといって、アミさんは悪くありません。同じ状況にハマっているあなたも悪くありません。

ツライ恋は一生続けられない

ただ、人には体力と気力の限界があります。ツライ恋愛は一生は続けられないものです。強い気持ちが、何かの瞬間にポキッと折れる。そんな瞬間が訪れたりするのです。

たとえば、あなたが投げかけた質問に対する彼の回答にハッと目が覚める、とか。その質問の内容は、たぶんワタシが考えてもダメです。あなたの胸から出た問いかけでないと。

…でも、もし今、何とかして彼の真意を確かめたい、ヒントをつかみたい、と願うのであれば。「あなたにとって恋人とは何?」と彼に聞いてみてください。その回答から見えてくるものがきっとあるはずです。

セオリー⑦

「あなたにとって恋人とは何?」と聞いてみる

いろいろキビシイことを書いてしまいましたが、すべては愛のムチだと理解してください。ワタシの本音としては、こういう男性への想いはとっとと断ち切って、新しい人を探してほしい！

それが無理なら、後悔だけはしないよう、彼に聞きたいことを聞き、伝えたいことを伝えてください。

今後彼とどうなるにせよ、心から誰かを好きだと思い、本気で問いかけ、本気で咀嚼《そしゃく》し、本気で受け止めるコミュニケーションは絶対に無駄にはなりません。頑張って！

彼の態度が煮えきらない

女の気持ちも読まずに強引に迫ってくる男性はイヤ。でもこっちが期待しているのに何もしてこないのも不安。複雑な乙女心を相手に理解してほしいけど、そう簡単にはいかないのが現実です。では一体どうすればいいのでしょう？ ピヨッチさんのケースで考えてみましょう。

case 04

押しが弱い彼…
男の人は何とも思っていない女を家に呼ぶの？

合コンで知り合った彼と、メールや電話をする仲になりました。この1ヶ月の間に二人で2回、食事をしました。一度目の帰りは車の中で、そっと手をつないでくれました。二度目は、私が見たかったＤＶＤを彼が持っていて見せてくれると言うので、彼の家にあがりました。そのときは手もつながず、ただＤＶＤだけ見て帰りました。彼は食事に誘ってくれるときも具体的な日にちなどは言わず、私のことをどう思って

いるのかわかりません。男の人は気になってもいない女でも家に呼ぶものなんでしょうか？（ピヨッチさん）

…まずは答えを。男の人が女の人を家に呼ぶのは気になっているからです。が、その「気になる」にはいろいろな種類があります。ピヨッチさんのケースを考えていく前に、男性の性質について理解を深めておきましょう。

男性は受け入れ範囲が広い

あなたが男性を「気になる」と思ったとき、その思いにはさまざまな種類があるはずです。「また飲み会で会えないかな」「もっとしゃべってみたいな」「二人で食事したいな」「イチャイチャしたいな」「彼氏になってほしいな」…などなどなど。

一目見たときから脳内で鐘がリンゴーンリンゴーンと鳴ってしまったときは、一足飛びに「彼氏になってほしい！」まで飛ぶでしょうし、そうでもないときは「また会えたらそれはそれで嬉しい」くらいの気持ちにとどまるでしょう。

それは男性も同じです。すぐに彼女候補として捉えることもあれば、「気が合いそうだな」と友達に毛が生えた程度の感想にとどまるときもあります。

が。男性には女性と大きく違う点があります。

それは基本的に「来る者を拒まない」性質があるということです。

もちろん、誰であろうとまったく拒まないということではありません。が、女性に比べて「この人はムリ！」と感じる範囲が圧倒的に狭い、つまり受け入れられる異性の範囲が広いのです。もちろん、これは「異性として生理的に受け入れられるか」という話であって、「彼女にできるか」となると、また別です。

男性にとってのリスク

こと彼女となると、いきなり許容範囲が狭くなる男性は山ほどいます。なぜなら、彼女にするということは「あなた以外の女性とは会わない」、少なくとも「他の女性よりあなたを優先するよ」という契約を結ぶようなものだからです。

つまり他の女性をすべて捨てるというリスクを負うわけで、「あなた＞他の大勢の女性」という図式が成り立たない限り、自ら進んで彼女にしぼろうとする行動には出ないわけです。

そんなわけで、モテる男性であればあるほどリスクも大きいので、よっぽど自分の気持ちに確信が持てない限りは自分から「付き合おう」という意思表示はしなくなります。

大勢の女性を捨てる、というリスク以外に、選んだ彼女に対する責任を負う、というリスクもあります。「そこまで考えなくても」と女性は思うものですが、男性は考えます。年をとればとるほど考えます。

女性の方から「付き合おう」と言われた場合、仮にうまくいかなかった（自分が浮気をしてしまった、なども含む）としても言い訳ができますが、自分から「付き合おう」と言った場合、うまくいかなかったら自分が悪者です（実際はそんなことないのだけれど、そう思い込んでしまう）。

ただ、女性経験が乏しい男性は「この子、俺のこと好きなのかも！」と感じた途端に告白してきたりします。経験がないだけに恐れもないからです。「これを逃したら後がない」と感じているせいもあるでしょう（実際はそんなことなくて、やりようはいくらでもあるのですが）。

ピヨッチさんの好きな彼の場合、合コンというわずか数時間のイベントで女性と意気投合できたこと、そして二度目の食事で手をつないできたことなどから察するに、決して奥手だとかモテないタイプではないはず。

悩んだのは彼

では、彼のピヨッちさんに対する気持ちは、果たしてどういうものなのか？ 状況から一つ一つ考えていきましょう。

『彼はピヨッチさんを自分の家に呼んだ』。

この行為をピヨッチさんはどう捉えるか悩んでいますが、むしろ悩んだのは彼だと思います。「家にあがったってことは、そのつもりなんだよな…」と彼は少なからず思っていたはずで、にも関わらず何もしなかった。

「手くらいつないでくれても…」とピヨッチさんは感じているかもしれませんが、それをしたら最後、手をつなぐだけで終わるはずがありません。そうなったときに、ピヨッチさんは彼を受け入れたのでしょうか？「余裕で受け入れます！」とピヨッチさんが思っているのであれば、残念ながら、その気持ちは彼には伝わらなかったのです。

つまり、そもそものモンダイは、ピヨッチさんは彼にＯＫサインを出したのか、ということです。「彼の方から行動してほしい」と思うにせよ、サインは必要です。

男性は女性から何らかのOKサインをキャッチするからこそ手を出してくるのです。「サインなんて出さなくてもナンパされるよ!?」という女性もいるでしょうが、それはあなたの服装などからサインをキャッチして「声をかけてもいいってことだよね」と解釈しているのです。

セオリー8 彼にOKサインを出すことを忘れない

たとえば、その日のピヨッチさんの服装がいつもより露出度が高くてセクシーだったり、部屋で彼に相当接近して座っていたり、お酒を飲んで雰囲気がリラックスしていたり、たとえ冗談ぽくでも「〇〇くんっていいよね」などと言ったり…とにかく、何らかのサインを送ったら、彼の行動は違ってきたはず。文面から察するに、むしろピヨッチさんは彼の家で緊張していて、いつもより雰囲気が硬かったのではないでしょうか。

でもその気持ちもわかります。好きな人の家に初めて入ったら、そりゃ緊張するなという方がムリです。だから別に落ち込むことはありません。大切なのはこれからです。

さて、次。ピヨッチさんの最大の疑問は『彼が私をどう思ってくれているのかわからない』。これに対する答えは、「彼はピヨッチさんのことを気になっている」です。それは間違いありません。

ただ、最初に書いたように、「気になる」にはいろいろな種類があります。手をつないできたり家に呼んだりするのは、ピヨッチさんを異性として魅力的に捉えている証拠ですが、ピヨッチさんにとって重要な点はそこではなく、「自分をオンリーワンとして捉えてくれているのかどうか」でしょう。だとしたら、現時点では彼の気持ちは固まっていないかもしれません。

彼なりのリスクヘッジ

食事に誘ってはくるけど「いつあいてる?」と積極的に聞いてこない、このあたりに彼の「種はまいとくけど、あとは君次第だから」というスタンスが見え隠れしています。と書くと、なんだか彼がすごく悪い男みたいですが、そういうことではありません。これは彼なりのリスクヘッジなのです。

自分の気持ちもピヨッチさんの気持ちもハッキリわからないうちに、うかつな行動に出て気まずくなりたくないのです。

また、もしかしてピヨッチさんはとてもお若い、もしくは奥手に見えるタイプなのかもしれません。だとしたら彼がピヨッチさんを好きだとしても、いや好きだからこそ「簡単に手を出せない」と思っている可能性もなくはない。そんな人いまどきいるのかという気もしますが、まぁ恋愛は個人差があるものなので…。

言葉で気持ちを伝える

…といった彼の不安感を考えると、結局のところ彼の気持ちを確かめるには、ピヨッチさんが意思表示するしかありません。

もし恋人という関係性にこだわらず「親しくなりたい」のであれば、「また家に行きたいな」とでも言って、今度はさきほど書いたようなOKサインを彼の家でちゃんと出す。そうではなく「恋人として付き合いたい」のであれば、一線を越える前に言葉で気持ちを伝えた方がいいです。「好きだから付き合いたい」とまで言わなくても、「私が付き合おうって言ったらどうする?」とでも聞いて反応を見ればいいのです（ズルイな〜）。でも、これを言うだけでも結構勇気がいるものですし、彼としても「キター！」って感じだと思いますよ（いろいろな意味で）。

いずれにせよ、大事なのはコミュニケーション。「好きかも…」と思っているだけでは想いは伝わらないし、食事の誘いに応じたからといってたいした意思表示にはなりません。

自分にとってあなたは特別なんですよ、私はあなたともっと○○したいんですよ、ということを相手にわかるように（ここ二重線！）伝えることで、相手も動いてくれるのです。

今のピヨッチさんと彼の関係はタマゴみたいなもので、どうあたためていくか、育てていくかで未来が違ってきます。まずは「彼とどうなりたいのか?」を考え、そのうえで行動してみてください。勇気を出して！

chapter

2

交際

そこで耐え忍ぶなんて、
もったいない！

彼の前でリラックスできない

好きな相手だからこそ緊張してしまう。そんな経験をしたことがある人は多いのではないでしょうか。楽しい毎日になるはずが、うまくコミュニケーションがとれず、逆に疲労困憊…こんなとき、どうすればいいのでしょう? そもそも緊張する原因は何なのでしょう? ジュンさんの例を見ながら考えていきましょう。

case 05

大好きな彼と付き合えたはいいけれど、本当の自分を見せるのが怖い…もっとリラックスして付き合うにはどうすれば?

交際9ヶ月になる彼氏がいます。これまで恋愛を依存と勘違いしたり情や惰性で付き合ってきましたが、二人目の彼のとき、このままではダメだと思い、次に付き合う人は自分から好きになった人! と決めて別れました(ただその後、彼に彼女ができたのが悔しくて、2回関係を持ってしまいました)。そして今の彼と出会い、初めて自分からアタックし、大好きな相手と付き合えて嬉しい反面、いまだに緊張して上手く話すことができません。友達の前ではおしゃべりなのに彼の前だと何を話していいかわからず、笑いのツボが違うから話しても面白くないだろうなぁなどと余計なことを考えて無言になってしまうのです。時々、彼がイライラしているのが伝わってきてツライです。そんなはずはないとはわかっていつつも、「嫌われたかも」「この先やっていけるの?」「自分ばかりが彼のこと好きなんだ…」と考えてしまいます。もっと自信を持ってリラックスして付き合うにはどうすればいいですか?(ジュンさん)

なるほど…。恋人の前でリラックスできない、安心できないと。これは、自分から好きになった相手と付き合ったことがある人なら、身に覚えのある人も多いんじゃないでしょうか。では、ジュンさんのケースを一つ一つ見ていきながら、解決策を考えてみましょう。

まず、『交際9ヶ月』。

9年だったらビックリですが、9ヶ月なら、まだ緊張しているというのもあり得ると思います。なので、自分は異常? などと思わないで大丈夫です。

『恋愛を依存と勘違いしたり、情や寂しさから男性と付き合っていた』。

ここ重要！　こういう人、実は結構多いと思います。男女問わず。

別にこういう付き合い方がダメだと言い切れるものでもないんです。なぜなら、情だろうが寂しさだろうが、とにかく傍にパートナーがいることこそが重要だと本人が感じていて、相手にとってもそれがメリットならば、ギブ&テイクが成り立つわけですから。恋愛にマナーはあってもルールはない、というのはワタシの持論ですが、双方の利害が合致していてそれぞれ満足しているのであれば、それはそれでアリなのですよ。

ただモンダイは、ジュンさんが『このままではだめだ』と感じていたこと。

「だめだ」と感じるということは、どこかやましさがあったか本来の自分と違うことをしているという違和感があったからで、だからこそ現状を打破しようと思ったわけですよね。で、二人目の彼氏と付き合っているときに『次に付き合う人は自分から好きになった人』と決めて別れたと。ここにもジュンさんの相当強い意志が感じられます。

…がしかし、さらなるモンダイが次です。

『別れた後、元彼に彼女ができたのが悔しくて2回関係を持ってしまった』という部分。

ここも、かなり重要です。この事実からわかること、それはジュンさんが相当独占欲が強い、ということです。

そのこと自体は別に悪いことではありません。ここから読みとれるポイントは、今後ジュンさんが誰かと付き合って幸せになるためには、その独占欲を満たしてくれる相手でないと難しい、ということです。

つまり、相手がとてもモテる人だったり浮気癖があったり、誰にでも優しい人だったりすると心が安まらない可能性が高いということです。

『友達の前ではおしゃべりだけど彼氏の前だと何を話していいかわからない、笑いのツボが違うから話しても面白くないだろうなぁ、などと余計なことを考えてしまう』。

ここにも重要なポイントが隠されています。

笑いのツボが違うから、などと余計なことを考えてしまう。

これは見方を変えると、「笑いのツボ」という、人と人とが付き合ううえで、似ている方が何かとスムーズで都合がいい部分が違うにも関わらず、ジュンさんは彼を好き、ということです。それくらい、理屈ではない強い魅力を感じているということなのですよ。

つまり、ジュンさんが彼氏に魅力を感じているのは共感や親近感からではない。自分と違う点、違う部分にこそ、ものすごく惹かれている。もしくは違っている部分に目をつぶれるくらい、他の部分に強烈な魅力を感じている。そのどちらかだと思います。

得られる快楽は大きいけれど

これ、前者ならいいのですが、後者だと少々厄介です。

前者は、違うからこそ惹かれているのだから、それでいいのです。同じだったらそもそも惹かれないのですから。

しかし後者は、ある意味「目をつぶっている」状態です。「同じであるに越したことはないけれども、別の部分が素晴らしいので目をつぶっている状態」なので、違和感はいつまでも消えません。だけれども別の部分、たとえば見た目や雰囲気、性格などに強烈にハマっているので、別れられない。こういったジレンマに悩んでいる男女は、古今東西数え切れないほどいるはずです。

もしジュンさんがこの後者のパターンだとするならば。あまり続けることをオススメしたくはないというのが本音です。

得られる快楽は大きいけれど、消耗もひどい。

ワタシがジュンさんの母親なら、「このままでいいの？」と聞いてしまうかもしれません。

でも、前者の場合。自分と違うからこそ惹かれている、それを自覚していて、そんな彼が好きだという場合。これはもう、付き合い続けてオッケーだと思います。

ときめくということ

一つ、覚えておいてほしいことがあります。

ジュンさんは友達を前にしたときのように彼氏に接することができない、と悩んでいるようですが、そもそも友達と彼氏を並列に考える必要はないのです。いや、並列に考えてＯＫなカップルもいます。が、ジュンさんと彼はそういうカップルではない。

なぜなら、ジュンさんは自分から彼を好きになった、つまり、ものすごく彼にときめいているからです。

ときめくということは、リラックスできなくなるということです。つまり、ときめき度とリラックス度は反比例の関係にあるのです。

「え〜？ 私、彼氏にときめいてるけどリラックスもできるよ？」と言う人は、交際期間を経ていくなかで徐々に緊張がほぐれていったか、もしくは、もっとときめける相手が実はいるけれども、そこそこときめける相手を選んでいるだけなのです（と言うと、なんだかネガティブに聞こえるかもしれませんが、ときめき度が最も高い相手＝パートナーにふさわしい相手、ではは必ずしもありません。念のため）。

恋人に対するときめき度とリラックス度は人それぞれです。ゆえに、モンダイ点もそれぞれに違ってきます。

リラックス度が高い場合、「楽だけど刺激が足りないな〜」と不満を抱きがちになるし、ときめき度が高いと「刺激はあるけど疲れる…」ということになります。

つまり、ほどほどのバランスが一番と言えるわけですが、仮にときめき度が高くても付き合いを重ねていくうちに緊張しなくなっていくことは大いにあり得るし、ときめき度が低かった場合でもライバルが出現したり何らかの変化が起きることによってときめき度が上昇することもあったりします。

つまり、重要なのは、ときめき度が高かろうが低かろうが、リラックス度が高かろうが低かろうが、「相手とガッチリジックリ向き合っていく覚悟があるかどうか」ということです。もちろん二人のうち片方だけが覚悟を持っていても成り立たないわけで、双方の合意が必要なのですが。

セオリー 9

相手とジックリ向き合っていく覚悟を持つ

というわけで、彼と笑いのツボが違うこと自体は「彼とやっていきたい」気持ちがガッシリあるのであれば、気にする必要はありません。「共感」という形で繋がっていないカップルや夫婦なんて、世の中には山ほどいます。

ただ、課題は残っています。

ジュンさんが考えすぎて無言になってしまい、時々彼氏が苛々しているのが伝わってきて、『嫌われたかも』とか『この先やっていけるのか』とか『好きなのはあたしだけなのかも』などと考えてしまうという点です。

これは…彼氏に直接聞いた方がいいでしょう。いや、付き合っているということは、もちろんジュンさんを好きなんだと思いますよ。ただ、ジュンさんの好き度の方が彼氏の好き度より勝っている可能性は大いにあります。

……ここで「ガーン！」とか「やっぱり……」とか落ち込むならですね、そもそもジュンさんは、そして同じケースで悩んでいて今ショックを受けているあなたは、こういう恋愛をするのが向いていないということなのですよ。

好き度の差

世の中には自分の気持ち主導で動く人、それこそ自分から猛アタックしてプロポーズして「ものすごく好みのタイプ」の男性を射止めちゃう女性もいるわけですが、こういう女性は「自分ばかりが彼のことを好きなんだ……」なんて悲観的なことをそもそも考えません。「一番好きな人と付き合えてる（結婚できてる）自分、超ラッキー！」とか「世界一の幸せモノ！」くらいに思っています。

こういう性格だと相手の男性も気が楽ですが、ここでジメジメウジウジしてしまうと、相手にしてみたら「そんなこと言われてもなぁ……」という感じですよ。仮にジュンさんの好き度の方が勝っていたとしても、それは仕方のないことなのです。

人間、お互いが同じくらいの度合いでお互いを好きであればそれがベストではありますが、現実はそうではない。男性の好き度の方が勝っているカップルもいれば、女性の好き度が勝っているカップルもいるわけです。

ただ、次第にその度合いが逆転したり、その後また戻ったりと、変化していくケースは多々あるので、たとえば今ジュンさんは彼氏よりも気持ちが勝っている状態だと思いますが、これが今後逆転する可能性だってあるのです。

好き度が逆転するとき

では、どんなときに逆転するか？

その人に「自信とゆとりが生まれたとき」です。

今のジュンさんのように、彼の前でビクビクしたり自分を出せずに卑屈になっていたりするのではなく、愛されている自分に自信を持ち、躊躇なく自分をさらけ出し、相手との関係に執着し過ぎず、自然体でいる。そうすれば関係性は逆転します。

「そうすればって…それができないから悩むんじゃない！」と言いたいでしょうが、ではなぜできないのか？ を考えてみましょう。

セオリー10 自信とゆとりが生まれたときに関係性は逆転する

自信とゆとりを持つためには

本当の自分を見せたら嫌われたりしないか不安で仕方がないのはなぜか？

ものすごく好きだからです。嫌われたくないからです。相手に執着しているからです。

そこでひとつ考えてみてください。

「執着してしまう相手」と、「幸せになれる相手」とは必ずしもイコールではないのです。

ジュンさんは『依存を恋愛と勘違いしていたり、情や、寂しいからという理由だけで付き合っていた』と言っていますが、ここをどうにかしないことには、この先も穏やかで満ち足りた恋愛関係は築けません。

執着してしまうのは、「この関係が終わったら自分は不幸になる」という思い込みがどこかにあるからだと思います。その思い込みを捨ててください。

大切なのは「相手をつなぎとめておくこと」ではありません。

自分を偽って相手をつなぎとめたところで、リラックスした関係など築けるはずがないし、幸せにはなれません。自分自身をさらけ出し、それでも相手が自分を愛してくれていると感じられるからこそ、自分をさらけ出し続けられる、つまり付き合いが継続できるのです。

本当の自分を見せたら嫌われたりしないか不安で仕方がない、という気持ちはわかります。でも、本当の自分を隠したまま付き合っても、永遠に満たされないまま疲労困憊してヘトヘトになってしまいます。結局、あなたも彼も疲れてしまって、いずれ別れることになるでしょう。

あなたのなかにある（と思われる）「相手をつなぎとめること」への執着を捨ててください。結果的に相手をつなぎとめることになってもいいですが、それが目的になってしまうと、自分と相手の心が置き去りになってしまうのです。

執着してしまう気持ちの裏には、「ふられること＝自分自身を否定されること」だとか、「この人が去ってしまったら終わり」だとか、とにかく今の相手との付き合いを過大視してしまう傾向が影響していると思います。

その考えを捨ててください。

セオリー 11 「相手をつなぎとめること」への執着を捨てる

たとえふられても、それはあなた自身を否定することにはなりません！　単に組み合わせが合わなかっただけです。

そしてもし、今の彼が去ったとしても、また他に好きになれる人が絶対に現れます！（ということを、あなたも経験から知っていますよね？）

ジュンさんは、せっかく大好きな人と付き合えたので、もっと安心して穏やかな付き合いがしたい…と言っていますが、さきほど述べたように、ときめき度とリラックス度は反比例します。つまり、大好きな人だからこそ安心できないし、穏やかに付き合えないわけです。

と考えると、じゅんさんの願いは、両立しにくいモノを両立させようとしている、わがままな願いとも言えるのです。でも、できることならそれを実現させたいと誰もが願いますし、実際、不可能なことではありません。可能にするには、徐々に自分のリラックス度を高めていけばいいのです。

そのためには、何度も言うようですが、「相手をつなぎとめること」に固執しないこと、そして、それができたかできなかったかを、自分の存在価値の物差しにしないことです。

もし今の彼氏があなたから去ったとしても、あなたの魅力はあなたの魅力として確実に存在するし、彼以外の誰かが絶対にそれを見抜いて理解するのです。

…別れるくらいどうってことない、と思っておくくらいの方がリラックスできるという気持ちを込めてネガティブなたとえバナシばかりしてしまいましたが、ジュンさんの場合、付き合いの始まりはジュンさんが好きになったこととはいえ、彼だって好きじゃなかったら9ヶ月付き合い続けないと思います。

相手の誠意を見極めようとする本能から、女性は「好き」の理由がどこにあるかをとかく気にしますが、「彼女が自分を好きになってくれて、それに応えようと思った」からスタートする関係だっていいじゃないですか。

セオリー⑫ 「好き」の理由にこだわらない

少なくとも付き合おうと思えるくらいの好意は最初からあったわけで、そのあとさらにジワジワ好きになってもらえればいいのです。そしてついには好き度の強さが逆転することだって、さきほども言ったようにあり得るのです。

本当の自分を見せても大丈夫です。見せてダメだったら、「見る目がないやつだ！」くらいに思っておけばいいのです。そして、あなたの魅力をちゃんと理解してくれる運命の相手と別のところで出会えばいいのです。それくらいドーンと構えて彼と接してみてください！

彼の浮気をやめさせたい

「彼を選んだ理由は？」の問いに「浮気しないから」と答える女性は案外多いもの。それだけ男性の浮気に泣かされる女性が多い、ということでしょう。ではそんな男性の浮気を止める方法はないのでしょうか？　くーさんのケースをもとに考えていきましょう。

case 06

6年付き合っている彼に他の女性の影が…どうしたらいい？

私には付き合って6年になる彼がいます。以前、彼は他の女性のことで嘘をついたり、隠し事をしていて、裏切られたと感じることがありました。そのときは二人で話し合いをし、結局、私は彼を信じようと決め、彼も態度を改めてくれてここ何年かは誠実でした。ところが先日、彼が見知らぬ携帯を持っているのに気づきました。ストラップは彼が自分からは絶対買わないような女性もの。中身をチェックしたところ、会社の携帯のようで特に怪しい感じはなかったのですが、彼はまだ私が気づいていることを知らないようで、あからさまにおかしな隠し方をしています。彼は浮気をしているのでしょうか？　だとしたら私はどうすればよいのでしょう？（くーさん）

一つ一つ突き詰めていきたい部分はあるのですが…最初にもう言ってしまいましょう！

彼は「クロ」です。浮気をしている、もしくはその準備を進めていることは、ほぼ99％確実だと思います。なぜそう言えるのか、くーさんはどこを見極めるべきだったか、そして今後どこを見極めるべきなのかを考えるべく、順番に事実をかみ砕いていきましょう！

緊張感は薄れていく

まず、『付き合って6年』。

…これは長い。その分、簡単に崩れない絆もあるのだと思いますが、「緊張感」や「男と女のドキドキ感」がかなり減っているのは事実ではないでしょうか。長く付き合えば付き合うほど緊張感がなくなり、相手を異性として意識しなくなるのは、ある意味当然のことです。なぜならば慣れるというのは、緊張しなくなるということですから。「そうならないようにしなければ！」と実際に何らかの工夫でもしない限り、これは避けられないことです。

では次。『彼はこれまで、他の女性のことで嘘をついたり隠し事をしていた』。

要は浮気をしていたことが何度かあったわけですね。ですが、話し合いの場を持った結果、くーさんは彼を信じようと決め、彼も態度を改めここ何年かは誠実だった、と…。

ここ、「話し合った」ということなんですが、具体的には彼からどんな言葉を聞けたのでしょう？「これまでは確かにいいかげんな行動をしてきたが、これからはくーを大事にする、他の女とは浮気しない」みたいなことを彼は言ったのでしょうか？ そしてくーさんは彼を信じようと決めた、ということでしょうか？

彼の行動を決めるもの

…たぶんこういう話し合いって、浮気をした男性とそのパートナーの女性との間で古今東西、何億件（件数でいったら確実にそれくらいありそうです）も行われてきたことだと思うのですが、その後本当に男性が浮気をしなくなるかどうかは、ある一つのことを男性が実感するか否かで決まると思います。
それは、「今度浮気をしたら自分は○○を失う」と強く実感することです。
○○に入るのは恋人だったり妻だったり、肩書きだったり名声だったり社会的地位だったりお金だったりいろいろだと思うのですが、とにかく浮気をすることで「とても大事なモノを失う」。それを実感しないことには男性は浮気をやめません。一度したことがあるということは、したことがない男性と比べて基本的に浮気への興味の度合いは強いわけですし、仮にそれが恋人や妻にバレたり何らかのトラブルに発展したとしても、たいしたペナルティが発生しないのであれば、「またやろう」と思うのが人間のサガです。いや、動物の本能です。
なので、くーさんは彼に対して「今度浮気をしたら私はあなたと別れる」ということを、本気で訴えないといけないのです。

セオリー 13
「浮気をしたら大切なものを失う」と彼に実感させる

くーさんはそれをしたのでしょうか? もし「しました!」というのであれば、残念ながら彼にはそれが伝わってなかったと考えていいでしょう。「口ではあんなこと言っているけど、なんだかんだ言ってくーは俺のことが好きだから俺と別れられるわけがない」と思っているのです。

浮気の証拠はいくらでも消せる

今回、くーさんは彼の携帯の中を見たうえで、「特に何もなく会社の携帯だった」と楽観視しているようですが…それは甘い！

なぜなら、たとえ彼が他の女性とメールや通話をしているとしても、そんな証拠はいくらでも消すことができるのですから。いくら無防備な彼でも、これまでの失敗をふまえて、それくらいの用心はしていると思います。実際、ワタシの友人知人も「浮気相手とのメールは読んだそばから消去する」と述べております（教えてくれてありがとう…）。

と考えると、携帯の中身がどうこうということより、見るからに女性が選んだようなストラップをつけていて、しかもその携帯を普通にくーさんの目の前で使っているならまだしも、「あからさまにおかしな隠し方をしている」わけで。「自分は隠していることがあります」と体中で宣言しているようなものです。

というわけで、くーさんが今後すべきことは、彼にこの件をちゃんと聞いてみることです。

ただ、その前にくーさんはくーさんのスタンスを決めておく必要があります。

もし彼が予想通り他の女性と浮気をしていた場合、どうするのか。つまり、別れるのか、別れないのか、ということです。

セオリー 14
彼に問いつめる前に自分のスタンスを決めておく

皮肉なことに、くーさんが「別れる」というスタンスでいた方が、彼は本気で必死に謝ってくるし、今後は浮気をしなくなる可能性が高まります。

が、「もし浮気をしていたとしても…やっぱり彼以外の男性は考えられない」と思う場合。

そう思うのはいいです。全然いいのですが、その気持ちを彼に悟られてはなりません!

悟られたら最後、彼は今後も浮気を続けるし、それを反省することもないでしょう。

なぜなら、浮気をしたところで大切なモノは失わないから。

さきほども書きましたが、男性が二度と浮気をしなくなるためには、「今度浮気したら大切なモノを失う」と強く実感することが大事であって、それがない場合、浮気体質の男性は永遠に浮気をし続けます。気力と体力が続く間は。

だから、くーさんは彼にクギを刺す必要があるのです。

「今度浮気をしたら私はあなたから去る」と。

事実を明らかにする

モンダイは今後の前に、今回の件、つまり女もののストラップがついた携帯電話の件について彼にどう迫っていくか、なのですが、くーさんが「彼が浮気をしていようがしていまいが人生を共に歩いていきたい」と思うにせよ、「もし今回浮気をしているのが事実ならもう別れる」と思うにせよ、まずは真実を明らかにすることが大事だと思います。

ここで何事もなかったふりをして付き合い続けることもできますが、それではくーさんは幸せにはなれない。彼はずーっと浮気もしくは浮気に近い遊びを続けるでしょうし、くーさんの不安もずーっと続くでしょう。

彼の態度を改めてもらうには、「今回のことがいとも簡単にくーさんにバレた」「そしてくーさんは深く傷ついた」「今後同じようなことがあったら、もうくーさんは彼から去る」という3点を、彼に深く深く刻みつけることが大切なのです。

なので、まずは携帯のことを真顔で問いつめましょう。「あなたの様子が明らかにおかしい」「見られてもモンダイがない携帯だったら、そんな隠し方はしないはず」「お願いだから嘘をつかないで」「本当のことを言ってくれ」と。

真剣に切実に訴えれば、彼は答えてくれると思います。もし白々しい嘘をつこうとしているようだったら、「そんな嘘が私に通じると思ってる？ 長い付き合いなんだよ？」と言ってやりましょう。

そのうえで、もし彼が他の女性に関する隠し事をしていたことがわかり、「もう別れる」と思うのなら、とっとと別れていいと思います。

それでも彼が好きならば

が、「浮気をする彼だけど、それでも愛している、彼と付き合い続けたい」と思うのなら。

「今のままだったら別れる」と言いましょう。

「私はあなたを愛している。愛しているからこそ、こういう状況は耐えられない」と。

…そんなこと言えない！　と思うかもしれませんが、それくらい言わないと彼は一生反省しないし、一生同じことをくり返します。もしも、将来結婚したとしても、家に帰ればくーさんと気楽な時間を過ごし、外ではガールフレンドと刺激のある時間を送る。そういう人生を送るでしょう。

世の中には、最初から「結婚したら浮気するよ」と思って結婚する男性って、悲しいかな実際います。そういう男性の「妻と浮気相手は別モノ」という言い分を、くーさんは理解できますか？　いや、理解はできないけれども「仕方ないこと」として受け入れる覚悟がありますか？

「ある」というのなら、今回のことはモンダイにせずこのまま付き合い続けてもいいと思うんです。世の中には、浮気公認夫婦というのもまたいたりしますからね。お互いの利害が一致しているのであれば、どんな繋がり方を選ぶかは本人たちの自由ですから。

本気で話し合う

でも、「そんなのはムリ」だと、「私ひとりを見てくれないとイヤ」だと思うのであれば、別れの危機となるのを覚悟のうえで、本気の話し合いをした方がいい。

男女の仲において、「言わずに我慢できることなら、言わない方がいい」ことも確かにあります。でも、気になってしょうがないこと、不安でしょうがないこと、聞きたくてたまらないことを言えないような関係は、結局長く続かないし、それはくーさんにとってふさわしい関係ではありません。

とにかく本気で話し合いましょう。正攻法ですが、長い目で見てそうすることが一番だと思います。

彼に危機感を与える

また、彼氏がくーさんにぞんざいな扱いをすることになったのは「くーさんに慣れすぎてしまった」ことが一番の理由だと思うので、髪型を変えてみるとか、着たことがなかったような服を着てみるとか、彼にとってくーさんが新鮮に見えるような努力をしてみるのもいいかと思います。

あとは、他の男性の存在を匂わすこと。「他の男にとられる可能性がある」ことを知らしめることは、彼に危機感を与えるうえで、ものすごーーーーく重要です。

セオリー 15 他の男性の存在を匂わす

「絶対に去るはずがない↓だからどう扱っても大丈夫」という傲慢な行動様式を崩すために、おそらく一番効果があるのはこれだと思います。

ただ、彼を試すためにどうこう、みたいな行動は、それがわかった時点で男性を萎えさせてしまって逆効果だし、当て馬にするのは友人知人に悪いので、本当に会うのが楽しい、でもお互い節度を持っているので一線は越えない、と確信できるような男友達とランチをする、くらいがいいかもしれません。

とにかく、くーさんの場合は今が頑張り時です！ 彼はくーさんをもっと大切にすべきだし、くーさんも「もっと大切にしてくれる人じゃないとイヤ！」くらいに強気に出ていいと思います。

単に強気な主張をするだけでは単なるわがままですが、自分が相手を愛していて、今後ずっと付き合い続けていこうという覚悟があったうえで不安に思っていることを訴えるのはとても建設的な行為です。

自分の本音を伝え、相手の本音を聞き、お互いの知らなかった悲しみを知り、不満を知り、それに対して自分ができなかったことは何か、これからできることは何かを考え、相手との関係性を今後も続けていきたいかどうかを改めて自分に問いかけたうえで、再スタートを切れたならば…二人の信頼関係は確実に深まります。

これは、くーさんがハッピーな人生を送るための重要なステップなのです。「とかなんとか言ってもどうせ俺しかいないはずだし～」と彼に甘くみられないよう気をつけつつ、話し合ってみてください。悔いを残さぬよう！

マイペースな彼に戸惑ってしまう

彼女に合わせて行動する、マイルドな彼。自分が引っ張っていこうとする、ワイルドな彼。それぞれに魅力があり、それぞれに難しさもあります。これまでマイルドな男性とばかり付き合ってきたサヤさんは、後者のタイプに戸惑いを覚えている様子。そんな男性の裏にある心理とは？ そして付き合い方とは？ 一緒に考えていきましょう。

case 07

自分のペースで恋愛を進めたがる彼。
初めて付き合うタイプなので、
どう接していけばいいかわからない…！

私の彼は、ワイルドで自分の考えをしっかり持った、かなり男らしいタイプの人です。自分のペースで恋愛を進めていきたいようで、黙ってついてこい的な感じです。私は今まで自分のペースに合わせてくれる、やさしいタイプの男性としか付き合ったことがないため、なんだか戸惑っています。彼は生活のなかで恋愛を一番にはしたくないようです。彼が大好きですが、正直どう接していけばいいのかよくわかりません。基本的に受け身な感じで待っていればいいのでしょうか？（サヤさん）

…初めて付き合うタイプ。確かにこれは戸惑います。相手はどんなことに喜び、どんなことを嫌がるのか。できれば相手が嬉しいと思うことを言い、嬉しいと思うことをしたい。それが乙女心というものです。

では、サヤさんのケースを一つ一つ掘り下げながら、どうすればいいのかを考えていきましょう。

自分の気持ちを検証する

まず、『彼はワイルドで男らしい』ということですが、それは、果たしていいのか悪いのか？…どちらでもありません。大事なのは、サヤさんは、ワイルドで男らしい男性を好きなのか嫌いなのか、ということです。もし「好き」「素敵」と思っているのなら、そんな人と出会えて、交際できていることをラッキーだと思っていましょう。

『彼は自分の考えをしっかり持っている』ということも、いい悪いでくれることではなく、サヤさんがこういう男性を好きなのか嫌いなのかが重要です。

「なんで私が好きか嫌いかを検証しないといけないの」と思うかもしれませんが、要は、サヤさんが彼とうまくやっていくべく、今後、努力をするにあたって、それ以前のモンダイとして「そもそも彼は、サヤさんが努力をしてまでつかまえておくべき相手なのか?」を検証した方がいいからです。ものすごくおせっかいだとは思いますが、サヤさんの今後を心配している親友からの言葉だと思って、ガマンしてください!

相談の文章を見たところでは、サヤさんは男らしくて自分の考えをしっかり持っている彼を肯定的に捉えているように思えます。

が、人が頭で考えていることと、心の奥ので感じていることは必ずしも一致しません。ダメ男にばかりハマってしまう女性が世の中にごまんといることからもわかるように、立派な人、偉い人、しっかりしている人を必ずしも「素敵」とは思わない。そこが人間と恋愛の面白いところであり、厄介なところなのです。

というわけで、自分の考えをしっかり持っている彼を、サヤさんは本音で「好き」「素敵」と思っているかを、改めて自分に問いかけてみてほしいのです(なぜワタシがそこにこだわるのか、サヤさんの気持ちを検証したがっているかの理由は、あとで説明します）。

では、次。『彼は自分のペースで恋愛を進めていきたい様子』。

ここ重要です。そして…サヤさんに、少々シビアなことを言わねばなりません。もし「自分のペースで恋愛を進めていきたい」と彼が自分で言ったのだとすれば…彼の、サヤさんへの気持ちは、まだそこまで本気ではないかもしれません。いや、かなりの確率で本気ではないでしょう。少なくとも現時点では。

本気で相手を好きになると

人を本気で好きになったことがある人なら誰しも実感すると思いますが、相手のことを本気で好きになると、自分のペースを崩されても一緒にいたいと思うものです。慣れない努力をしてでも「相手に好かれたい」と思ってしまうし、そうしてしまうのが恋愛というものです。

そう考えると、「自分のペースで恋愛を進めたい」というセリフは、およそ相手にのめりこんでいる人のセリフではありません。「自分についてこられない相手ならいらない」「自分が上位に立てる関係じゃないと嫌だ」と言っているも同然なのですから。そして、もし彼がサヤさんを何が何でも離したくないと思っているならば、そんなセリフは絶対に出てこないはずなのです。

セオリー16 「自分のペースで進めたい」は要注意

二人が交際を始めるにあたって、どちらが「付き合おう」と言い出したのでしょうか。仮にサヤさんからアプローチして、「確かに私の気持ちの方が強いかも」とサヤさんが感じているとしても、「そんな一方通行な交際やめなさい！」とは言いません。

サヤさんが本気で彼を好きならば、悔いのないよう精一杯やれることをやる、それが長い目で見て大切だと思うからです。

さきほどワタシがサヤさんの気持ちを検証したがった理由はそこにあります。もし「実は彼への気持ちはそんなに本気じゃないかも」と思うのであれば、無理に頑張ることはないし、無理に合わせることもない！とワタシは思うからです。

そもそも恋愛において、どちらか片方ばかり努力するとか、常にどちらか片方に合わせる関係では、結局どこかに破綻が生じるし、長続きするものではありません（努力している側が、その付き合いを続けることで特別なメリットを得ているのでもない限り）。

大事なのはお互いの歩み寄りです。

にも関わらず、「俺、恋愛は自分のペースで進めたいんだよね」なんて、一体何様だと！…こんな彼をサヤさんは「男らしい」と感じているようですが…男の人は、本気じゃない相手にはとことん男っぽくなれるのです（男性に邪険にされればされるほどのめりこむ女性の心理というのは、このあたりが関係していると思います。…やるせない真実）。

セオリー 17 男性は本気じゃない相手には「男っぽく」なる

しかも、彼は『生活のなかで恋愛を一番にはしたくない』とのこと。…これも、どこまで本音なのか、眉唾ですねぇ…。

「今は誰とも付き合う気になれない」というセリフが男性にとって女性を断るときの常套句であるように、これもなんだか言い訳臭がプンプン…。いや、もし彼が今何らかの目標を持っていて、それに向かって睡眠時間も削って努力している最中などというのならば別ですよ。仕事が忙しすぎて彼女の都合に合わせて時間をとることが難しいとか、国家試験の勉強の真っ最中とか。…でも、そういう状況だとしても、本命の相手にはできる限りのことはするもんだと思いますが…。

●●●●●●●●● 大事なのは彼の行動

…もうあれです。大事なのは、彼がどう言っているかではなく、彼の行動！

こういうケースに遭遇した場合、彼があなたに対して実際にどういう行動をとっているか、そっちに着目した方がいいです！

「恋愛を一番にはしたくない」と言いつつも、あなたが呼んだら飛んできてくれるとか。「自分のペースで進めたい」と言いつつも、あなたのお願いにはちゃんと応えてくれるとか。もし、そうなのであれば、多少、俺様キャラであってもモンダイナシ！ナチュラルに自分らしくやっていればいいと思います。

ちなみに、サヤさんは『今まで自分のペースに合わせてくれる、やさしいタイプの男性としか付き合ったことがないので彼の態度に戸惑っている』ということですが、今までサヤさんのペースに合わせてくれた男性は、性格的な部分も関係しているかもしれませんが、サヤさんにゾッコンだったからこそ合わせてくれていた、という可能性もあるわけです。

それでも好きならば

さて、冒頭で、自分の気持ちを検証せよと言いましたが、サヤさんはこう書いています。

『彼が大好きですが、正直どう接していけばいいのかわかりません』

サヤさんは彼に夢中です。『これまで付き合ったことのない慣れないタイプ』で、『自分のペースで恋愛を進めたい』と言ってのける自分勝手な男にも関わらず。…ときめいているのですね、彼に。好みなのですね、きっと。

ということはですね…はい、では『男っぽくマイペースな男性には、受け身な感じで待っていればいいのか?』というサヤさんの問いに答えます。

…よくありません！ 受け身で待っていたら、都合のいい女一直線です。いや、待っていても彼の方から頻繁に連絡があって頻繁にデートできている、つまりあなたが不安になることがないならば、受け身でもいいのです。あちこち誘われて連れ回されるとか、そういう形でマイペースな人なのであれば。

でも、あなたが受け身で待ち続けて、「連絡が来ない…」とか「冷たい…」とか「大切にされていない…」などと感じるのであれば、それは彼がワイルドでマイペースなのではなく、単にやる気がないのです。不安や不満やギモンは正直に言った方がいいし、言いたいことを心にためこむべきではありません。

「あんまり自分の意見を言って嫌われたらどうしよう…」と思うかもしれませんが、それで嫌われるような相手とは別れた方がいいと思います。

セオリー 18 不安や不満や疑問は正直に伝える

もちろん、ときとして忍耐は必要です。でもそれは相手が自分に対して本気であることが実感できている場合に有効なのであって、そうではない、やる気のない相手との関係でガマンし続けるのは時間の無駄です。

いろいろとキビシイことを言ってしまいましたが、どうか愛のムチだと思ってください。
「より強く好きな方がより多くガマンする」というのは、恋愛において頻繁に見られる構図ですが、男性に比べて〝愛されることでどんどん輝いていく〟性質を持つ女性には、できれば愛される恋愛をしてほしい、というのがワタシの本音です（自分は相手より気持ちが強いケースの方がうまくいく！と実感しているのであれば別ですが）。

●●●●●●●●● 彼の本気度を確かめる

もちろん、慣れない同士が最初はギクシャクしつつも試行錯誤を重ね、うまくいくようになるケースもあります。そういう意味では、最初から「合わないのかも」と決めつけてしまうのはもったいない！

…のですが、それもすべて、お互いに真剣であることが大前提です。彼の本気度を確かめるためにも、「あなたが大好きだけど、あなたのようなタイプと付き合うのが初めてなので、どうすればいいのかちょっぴり戸惑っている」と、彼に正直に伝えてみる。これがいいと思います。結局のところ、相手がどうして欲しいかを知るには、相手に聞くしかないのです。

もし、彼に問いかけてみても、「俺そういうの苦手だから」などと彼が依然としてマイペースなままだったら…残念ながら彼は、あなたの運命の相手ではないかもしれません。少なくとも、しんどい恋愛になることは間違いない。

それでも頑張って交際を続けるか、スッパリ想いを断ち切るかは、あなた次第です。第三者がどうこう言ったところで本人の気が済むまでは終わらない、それが恋愛ですから。

そしてもし、「君がそんな風に悩んでいるとは知らなかった」と、彼が話し合いをしてくれたなら…これからの日々を、彼としっかり向き合って進んで行ってください。彼が本当に「自分の考えをしっかり持っている男らしい人」なら、大切な相手に対して本来そうするはずです。

あなたがあなたらしくいられて、相手と一緒にいるときの自分を好きでいられる恋愛が、あなたにとっての幸せな恋愛だと思います。そんな恋愛を目指すためにも、まずは今の自分の気持ちを正直に彼に伝えることから始めてみてください！

短気で頑固な彼を変えたい

どんなカップルでも喧嘩をします。喧嘩をし、気まずくなり、仲直りをして、もしくはいつの間にか仲直りをしたような形になって、再びいつもの日々が始まります。が、なかには、そのまま別れてしまうカップルもいます。つまり、ケンカをしたときにどう対処するかで、カップルの行く末が決まるわけです。では、短気な彼と喧嘩をした場合、どう対処すればいい関係を築いていけるのでしょう？

case 08

自分からは決して謝らない頑固な彼…この先どうすればいい？

私の彼は頑固なところがあり、喧嘩をするとすぐにカッとなり、絶対に謝ろうとしません。仕方なく毎回私から謝っています。謝らないだけでなく冷静でいてもくれないし…頑固な彼を変えるには、一体どうしたらいいでしょう？」（ハテナさん）

…これは恋愛相談でもあり、一種の人間関係相談でもありますね。友人との間にこういうモンダイを抱えている人もきっと少なくないでしょう。

ただ、友人の場合、恋人ほどガッチリと年がら年中一緒に過ごすわけではないでしょうから、どこかで「まいっか」と割りきれるというか、「このモンダイに本腰入れて取り組むのは自分の役目ではない」と無意識に捉えているケースが多いような気もします。もちろん、恋人と同じくらいしょっちゅう会っていたり、お互いのなかにガシガシ踏み込んでいく友人関係もあるとは思うので、そのへんはケースバイケースではありますが。

で、どうすればいいかですが…

アピールする

結論から言うと、ハテナさんは彼に対してアピールをする必要があります。どんなアピールかというと、「あなたの態度で私は傷ついている」というアピールです。決して怒って罵倒してはいけません。ポイントはそこです。

世の中には怒りっぽい人と、そうでない人の二種類がいます。さらに、怒りっぽいけどあとから反省する人と、怒りっぽいうえに反省しない人がいます。「怒りっぽい」というのは、これはもう、その人のキャラクターであって、そうそう簡単に治るものではありません。あきらめてください。

…と、モンダイ放棄のようなコメントをしていますが、放棄しているわけではありません。これはたとえるならば、「キムチが辛いことに文句を言ってもしょうがない」ということなのです。ハテナさんの彼氏は、すぐカッとなる性格とのこと。そこだけ聞くと、「そりゃ大変だ」とほとんどの人が感じると思いますが、ちょっと立ち止まって考えてみてください。

ハテナさんは、彼氏さんの性格の、どんな所が好きなのか。

たぶん、意見がハッキリしていたり、ものおじせず発言できたり、オドオドしたりしない…そんな所が好きなのだと思いませんか？ つまり、人の長所と短所は表裏一体ということです。

キムチは、その辛さこそがキムチという食べ物の重要な要素であり魅力なのであって、辛くないキムチに何の魅力があろうか、ということです（いや、なかには辛くないキムチでもかまわないという人もいるかもしれませんが、まぁそれは少数派だということで）。

つまり、ハテナさんの彼氏はキムチなのです（！）。キムチに対して「辛いのがイヤ！」と文句を言うなら、「じゃあ食べなきゃいいじゃん」ってことになるわけです。

「ってことは彼氏と別れればいいってこと?」と思うかもしれませんが、そういうわけではありません。彼氏の短所は長所と表裏一体なんだ、と理解したうえで、訴えるべきことを訴えましょう！ということです。

では、具体的にはどのようにすればいいか、を次で語っていきましょう。

絶対にしてはいけないこと

まず、絶対に忘れてならないのは、「怒ってはダメ」だということです。

怒りっぽい人に怒りで応戦するのは、火に油を注ぐようなものです。特に男性は女性に比べて「プライド」という、実にめんどくさい無意識の自己防衛本能のようなものがあるので、彼のプライドを傷つけるようなことを言ってしまうと、かえって逆ギレされ、「こいつはイヤな女だ」と、あなたが悪者にされる可能性もあります。

セオリー 19 怒りで応戦するのはタブー

ではどうすればいいか？

「怒り」ではなく「悲しみ」を表現すればいいのです。つまり、「なんであなたは自分から絶対に謝ろうとしないの⁉」と怒りをあらわにするのではなく、「あなたは自分からは決して謝ってくれない。私はそれが悲しいし、そのことで傷ついている」と訴えかければいいのです。

セオリー 20 悲しみをアピールせよ

おそらく彼は「え…」と、予想外の出来事に驚きつつ、どうすればいいんだろう、と、若干うろたえるはずです。怒りに対しては、「それを上回る怒りで応戦すればよし」と考え、「そして俺は相手より正しい！」という、どこか勝ち負けのようなスタンスで挑んでいると思われる彼も、悲しみの表明に対しては、どうすればいいのかわからなくなるはずです。そして、悲しんでいる、しかも大切な彼女であるあなたを見て、「優しくしなければ」と思うはずです。

ひとつ注意すべきなのは、ここでワンワン泣いたり、イジイジネチネチと暗くなってはいけない、ということ。それは逆効果です。

あくまでも悲しみを表明することにとどめ、感情的にならないよう、ポツリポツリと喋る程度にしてください。いやポツリポツリでもボソボソでもいいんですが、とにかく、まくし立ててはいけません。口で女性に勝てる男性は少ないのです。まくし立てたら最後、「あーもう、めんどくせ！」と、まともに女性と向き合うことを放棄してしまう可能性がとても高いのです。

悲しみを訴えた結果、彼が、あなたの様子にうろたえて、とりあえずその場でおとなしくなったとしましょう。もしくは、「悲しいって言われたって…」と、イマイチ納得していない様子を見せる可能性もあるでしょう。

いずれにせよ、悲しみをアピールすると同時に必ずセットでアピールしたいのは、「私はあなたが好きである」という愛の告白です。

「あなたが謝らないのがムカツク↓だから謝ってほしい」ではなく、「あなたがすぐカッとなったり自分からは絶対に謝らないのが（ムカツク、けどそれは置いといて）悲しいし傷つく↓そんな人と今後も付き合っていけるのかどうか考えてしまう↓でも私はあなたの○○なところが好きだし、あなたがすぐカッとなるのも、あなたの長所の裏返しだと思っている↓私はあなたのことが好きで、これからも一緒にいたいと思う。だから私が悲しむようなことはしないでもらえたらとても嬉しい」…という風に持っていかないといかんのです！

セオリー 21 彼氏のどこが好きかもアピールせよ

「…長すぎて覚えられません！」という場合は、「あなたの頑固な言動で私は傷ついている↓今後もあなたと一緒にいたいから、ちょっと考えてみてほしい」だけでもいいです。

要は、悲しみと愛をセットで表明するのを忘れないようにしましょう、ということです。

きちんと想いが伝われば、まぁ急には治らないかもしれませんが、きっと徐々に彼は変わっていくと思います。少なくとも、たまに自分から謝るくらいはしてくれるでしょう。自分の短所を自分の大切な人からつきつけられ、考える機会を与えられたことで彼は確実に成長しますし、彼が成長してくれたときのハテナさんの喜びと充実感は格別なものとなるはずです。彼を成長させることでハテナさん自身もまた成長するわけで、そうやってお互いが成長を遂げていくのはパートナーシップの醍醐味の一つだと思いますよ！

chapter
3

結婚

そこで男心を学ばないなんて、もったいない！

結婚話をした途端、彼がそっけなくなった

好きな人と結婚したい。私がそう感じるように、彼氏にも同じことを感じてほしい。…そう願っても、簡単には進まないのが結婚の難しいところ。彼と交際4ヶ月になるモモさんも、予想外の展開に戸惑っているようです。

case 09

「結婚したい」と告げた途端、彼の態度が急変… 私は彼にとってどれくらいの存在なの？

私には好きな人がいます。出会ってからまだ4ヵ月、食事したり毎日メールしたりしていたのですが…思いを押さえ切れずいきなり結婚したいみたいな事を告げてしまいました。その時は、ありがとう、これからゆっくり話そうと言ってくれたのですが、それ以来忙しいのもあってか毎日のメールもなくなり、こちらからの返信も微妙に…。その後、1ヵ月の間に会ったのはたったの1回だけ。私は彼にとってどれくら

いの存在なのでしょうか（モモさん）

あぁぁぁぁぁ…言ってしまいましたね。禁句を。恋愛におけるＮＧワードを！

…まぁ、すでに言ってしまったものは仕方がない。なぜ彼が引いてしまったのか、そして今後モモさんはどんなスタンスで彼との関係、そして今後の恋愛を進めていけばいいかを、今回のことを教訓に学んでいきましょう！

まず、「好きだから伝えたくなっちゃったんだよね〜」と、モモさんに共感する女性、きっと多いのではないかと思います。実際、とても好きになった相手には出会ってから時間がたってなかろうがなんだろうが「この人と結婚したらどんな感じだろう…」と無意識に妄想してしまうものですし、それはある意味、本能にもとづいた行動です。

…が、しかし！

はい、では一つ一つツッコミを入れていきます（笑）。

まず、『二人は出会って４ヶ月。食事したり毎日メールしたりしていた』。

彼とは毎日メールを送り合っていた。これは、彼はモモさんに対してそれなりに真剣だった、少なくとも「毎日メールしなきゃ」「しといた方がいい」という気持ちがあった、誠意を見せようとする姿勢があったということだと思います。

ただ、食事したり、というのは、どれくらいの頻度だったのでしょう? たとえば彼が社会人で平日は忙しく帰りも夜遅く仕事は朝早く、金曜の夜にやっと会えて土日も一緒、みたいな過ごし方をしていたのであれば、おそらく彼にとってモモさんとの関係は真剣な付き合いだったと言えるでしょう。

が、「彼が今どこで何をしているかサッパリわからない」という日が多少あったのだとしたら、彼がどの程度モモさんに対して真剣だったのかは正直ビミョウです。他の女性と会っていた可能性だってなくはないですし、浮気などではなくても、まだ彼のなかで「選択肢は広げておきたい」という気持ちがあって、いろいろな女性との付き合いを模索していた可能性だってあるわけですから。

NGワード

…でも、それより何より今回のカギとなるのはモモさんの言動です。もし彼が他の女性と会うなんてことはまったくせず、現段階で「モモ最優先!」という状態だったとしても、それを自ら壊してしまったのはモモさんの言動なのです！

それが次の行動です。

モモさんは、『想いを抑えきれず「結婚したい」みたいなことを告げた』。

コレです！

…さっきも言ったように、言いたくなるのはわかります。自分にとって「この人だ」と思えた相手を捕獲しておきたい、早いとこツバをつけておきたい、という気持ちはわかります。が、そこはグッとこらえて！　たとえ心のなかで「結婚したい！」「早いとこ結婚したい！」という言葉が大音量で渦巻いても！　それを言ってはいかんのです！

セオリー 22
「結婚したい」を口にするのは危険

なぜ言ってはいけないのか？

男性にとって、「結婚」とは女性が思っている以上にいろいろなモノを「背負う」行為であり、それを進めようとする雰囲気を女性が匂わすのは、彼にとって「楽しいモノ」だった恋愛が、いきなり「重いモノ」に変わるからです。

…これ、ピンときますか？

女性にとって恋愛は「楽しいモノ」、結婚も、恋愛の発展系としてやっぱり「楽しいモノ」だと捉える人が多いでしょう。でも男性にとっては「恋愛」は楽しいモノでも、結婚は「重いモノ」なんですよ。

………男性から結婚したがるとき

…でも男性の方から結婚したがる場合だってあるじゃん！　と思う人もいるでしょう。確かにあります。ただそれは、男性の方が「今こいつをつかまえておかないと誰かにとられる！」と危機感を抱いている場合か、「とにかく早く結婚したい！」「結婚せねば」と、結婚自体への焦りを感じている場合です。

結婚に焦っているわけでもなく、その女性を確保したいという欲望があるわけでもないなら、男性は自ら結婚に前のめったりはしません。

もちろん、なかには「相手さえいればいつでも結婚したい」とサラっと言ってのける男性もいます。特に20代半ばくらいまでの男性で、男が稼ぎ女が家を守る、といった既存の役割分担型パートナーシップにとらわれず、「夫婦共働き」「生活費もワリカン」「家事も協力し合う」といったパートナーシップをアリと考える男性は結構多いと思います。そういう男性は結婚を「男一人が負荷を背負う制度」だと考えていないので、結婚に対するスタンスもニュートラルです。

甲斐性がある男性ほど「結婚したいオーラ」を嫌う

が、その一方で、どんなに男女平等、共働きオッケー、の風潮が広まったところで「やっぱり俺一人の稼ぎで家族を食わしていけるくらいじゃないと」という美学を持っている男性も山ほどいます。それくらいの経済力や自信や覚悟がないと結婚する気にはなれない、と考えているわけです。

そして、そういう男性は甲斐性がある、もしくは甲斐性がある男を目指していて甲斐性オーラを噴出しているため、「男は経済力あってこそよね」「私を養えるだけの力がある人じゃないとね」と思っている女性が彼に寄っていき、「結婚したいオーラ」を噴出する。

しかし、皮肉なことにというかなんというか、その男性は、もちろん魅力的な伴侶を持ちたいからこそ甲斐性のある男を目指しているわけなんですが、モテた結果、「結婚したい」と自分から言ってくるような女性にふり向くかというと、ふり向かないのです。

自分から何もしなくても女性の方から結婚したいオーラを漂わせてくる女性は彼にとって「滑り止め」であって「第一志望」ではない。

彼らは自分を気に入ってくれた相手を伴侶にしたいのではなく、自分が気に入った相手を伴侶にしたいのです。そして、ある意味それくらいの気概があるからこそ、女性にモテるのです。

…というわけで、おそらくモモさんの彼氏はそれなりにモテるタイプの男性なのだと思います。女性（モモさん）の方から結婚したいと言われたわけですから。

で、彼の反応はというと、『「伝えてくれてありがとう、これからゆっくり話そう」みたいなことを返答』。

彼のこの対応には、彼なりの誠意、大人としてのマナーのようなモノを感じます。「お、重い」と感じつつも、「真剣な気持ちを伝えてくれたんだな」とも思ったのでしょう。

ただ、「これからゆっくり話そう」というのは、「急に言われても正直なんと言えばいいのか」ということと同義です。「ええっ！　ちょ、ちょっと待って」と彼はココロのなかで焦ったに違いありません。

『それ以来、忙しいのもあって毎日のメールもなくなった』。

…メールが減ったことと忙しさは、おそらく関係ないですね。というか言い訳でしょう。どんなに忙しくたって、本人に気持ちさえあれば一言メールするくらいの時間は作れます。だからこそ、彼はこれまでモモさんへのメールを毎日欠かすことがなかったのです。

彼がメールをくれない理由は、「何と言えばいいのかわからない」「考え始めると気持ちがドンヨリしてくる」「正直な気持ちを言うと、モモを傷つけるかもしれない」といったところでしょう。いずれにしろ気まずい、メールしにくい、と。

『こちらからの返信も微妙になり、その後1ヶ月の間に会ったのはたったの1回』。

これは…そうなるでしょうね…。今の状況で二人が会うことは、彼がまだ避けて通りたい話題に対して正面から向き合わなければいけないことを意味するのですから。

モモさんと別れたいわけではないとしても、今のところは曖昧にしておきたいでしょうし、「結婚のことを言われるんだったら別れる」と思っているのだとしても、その話し合いを好きこのんでしたいとは思わないでしょう。

つまりこのまま放っておくと彼との仲はフェイド・アウトする可能性が非常に高い。

そんなわけで、モモさんの問い『彼のなかで、モモさんはどんな存在か？』にお答えすると…。

…彼にとってモモさんは…「結婚したいと言われると引いてしまうような存在」です。少なくとも現時点においては。

…ツライですよね。でもそれが現実なのです。そして、そんなツラさを味わうハメになったのは、結婚のことを話すのが「早すぎた」からなのだということを、この機会に学んでしまいましょう！

男性が結婚を決めるとき

モモさんが結婚のことを自分からは口にせず、あくまでのほほんムードで交際を続けていたら、たとえば彼の周りの男友達や同僚たちが身を固め始めたとき（重要きっかけ・その①）、もしくは海外に転勤するので妻を同行する必要があるなど仕事のうえで独身だと差し障りが出てきたとき（重要きっかけ・その②）、もしくはモモさんをさらって行きそうな男性が現れたとき（重要きっかけ・その③）…などに、彼の方から「そろそろ結婚考えるか」などとポロッと口走る可能性もあったのですよ。モモさんが結婚のことを口にするまでは二人の関係には特にモンダイはなかったようですし。

ただ、モモさんが自分から「結婚したい」と口走ってしまうくらい彼は素敵な男性、つまりそこそこモテる男性なのだと考えると、今後、彼に横やり（ライバル）が入ってくる可能性も充分あるとは思いますが。

…キビシイことをいっぱい言ってしまってスミマセン。

でも、こういうことを認識しておくとおかないとでは今後の恋愛がまったく違ってくるので、今回のことを教訓に、モモさんにはステップアップしてほしい！　そして「なんでこうなっちゃったんだろう？」とワケがわからないまま悲嘆にくれる、という恋愛から脱皮してほしいと思うのです。

二つの選択

さしあたって彼とどうするかですが…あなたならどうしたいですか？

とりあえず、二つの選択肢があると思います。

(1)結婚に関する答えは曖昧でもいいから、彼との付き合いは続ける。
(2)現時点で結婚についてどう考えているのかを彼にハッキリさせてもらい、可能性がなさそうなら別れる。
ただ、どちらにしても彼の意志が関係してくる話なんですよね…。

しかも(2)に関しては、彼がウソをつく可能性もあると思います。「結婚は今のところ考えられないけど、別れたくはないしな…」と思って関係をズルズル続ける男性は世の中にはごまんといますから。

もちろん、「それでもいい！」と思えるのであれば、別れずに交際を続けるのもまた一つの道です。どんなに未来を感じられない関係であろうが周りにどう言われようが思われようが、自分が「もうやめよう」と思わない限り、その恋愛は続きます。

やめるためには自分が「やめる！」と決意するしかないのです。

そして、ツライ恋愛であれば、やめようと思うタイミングはいつか必ず訪れます（逆に周りがどう感じようと本人がその関係をヨシとしている場合は死ぬまで続いたりもするわけです。ただ、こういうタイプの女性は社会的立場というのをそもそもあまり重視しないので、自分から結婚しようとは言い出さないかもしれません）。

と、ネガティブなケース・スタディをさんざんしてしまいましたが、もちろんうまくいく可能性だってないわけではないと思います。こういった出来事をきっかけに彼が真剣に二人の将来を考えるようになり、その結果、「結婚のことも視野に入れたうえで交際を続けたい」と思ってくれるのであれば、それが一番喜ばしいことです。

結婚は男性にとって「できることならしたくない」もの

ただ、そうなるためには、「結婚したいオーラ」をいったん引っ込めることが必須です。追えば逃げる・逃げれば追う。恋愛とはそういうものですし、特に狩猟本能がある男性はその傾向が強い。男性ホルモンが旺盛なモテる男性、甲斐性がある男性であれば、なおさらそうです。

むしろ、男は「できることなら結婚はしたくない生き物」なんだと！

それくらいに考えておいた方がいいと思います。少なくともモテる男性、甲斐性のある男性に関しては。「結婚しなくてもその女性と良好な交際を続けられるのであれば、それがベスト」と思っている男性は、実は多いと思います。

でも、そうは問屋が卸さないから結婚する。なぜなら女性には男性と違って巣作り本能があり、男性は第一志望の女性をつかまえておくためにその本能に応えてあげる必要が出てくるからです。

まとめると、「他の可能性を捨ててまでつかまえておきたいわけではない」「他に代わりはいるかも」と感じた場合、男性はその女性とは結婚しない。そして、「今後これ以上の相手は出てこない！」「早くつかまえておかないと他の男にとられる！」と焦りを感じたとき、男性は結婚したくなる。のっぴきならない理由があるから結婚したくなるのです。

その理由の代表例が、さきほども挙げた次の項目に集約されます。

①彼の周りの男友達や同僚たちが身を固め始めたとき
②仕事のうえで独身だと差し障りが出てきたとき
③他の男性に奪われそうと感じたとき（「これ以上の女性は現れない！」と感じた場合もこれに含まれます。他の男にとられたくないと思うからこそ焦るのです）

…さて、モモさんの場合はこのなかのどれかに当てはまるか？　と考えたとき、彼の反応から推測すると、現時点ではどれにも当てはまらないかもしれません。

今後の対策

ではもう望みはないのかというと、そんなことはない。モモさんが、これまでと一転して、「彼以外にも出会いはある」と、余裕を見せればいいのです。

別に彼に冷たくしろとか、心にもないことを言えというわけではありません。

今後、女性として心身を磨く努力を怠らなければ　モモさんを運命の相手として選んでくれる男性は必ず現れます。今の彼氏しかいない、と感じたとしても、それは単なる思い込みです。

本人にやる気と行動力さえあれば、出会いなんて山ほどあるのです。それを実感できれば、自然と彼に対する言動も、ゆとりのあるモノになっていきます。

セオリー 23
「彼以外にも出会いはある」という余裕を持つ

一方で、彼に対する気持ちを否定する必要もありません。このままフェイド・アウトするの

を避けたいのなら、改めて彼にメールを出してみましょう！　たとえば、

「いきなりあんなこと言って、ビックリさせてごめんね。あなたのことが好きだし結婚したいと思ったのも本当だけど、自分だけがそう思ったところでどうにもならないし、ちょっと突っ走り過ぎたな、って反省してます」

…といった感じに。

自分を客観視しつつ、相手を思いやるゆとりを感じさせる言葉を彼に投げかければ、彼も「おっ」と思ってメールを返してくれるはずです。

本当に出会いはある

とにかく彼をドン引かせているのは、結婚したいオーラ、焦りオーラなのですから、それと反対の、余裕のあるところを示すことが大事です。そして、それが付け焼き刃だと「無理してんな…」と彼に思われてしまって逆効果なので、本当に「今後出会いはいくらでもある！」と信じるところから始めてください。

本当にありますから。

ちなみに年齢は関係ありません。30歳だろうが40歳だろうが50歳だろうが、モテる女性はモテます。年齢が高いからモテなくなるのではなく、年齢が高いことを気にしすぎたり卑下したり、女として可愛くあり続けることをあきらめたり捨てたり、恥らいをなくしたりするから、その空気が相手に伝わってモテなくなるのです。

「彼と結婚できないなんて耐えられない」「でも別れるのは嫌」という依存ループに陥ってしまうことだけは避けるようにしてください。

どんなに美人でもスタイルが良くても人間性にモンダイがなくても、依存体質の強い女性は男性にとって「重い」のです。

「出会いはいくらでもある！」「その出会いをちゃんとつかめるよう常に女を磨いておこう」と、焦らず前向きに努力を怠らずにいれば、彼も、彼以外の人も、あなたをつかまえておきたいと思うようになります。合い言葉は「ゆとり」です！

このまま彼を待ち続けていいの？

長年付き合っている彼とそろそろ結婚したい。でも相手はそんなそぶりを見せず、なかなか言いだしにくい。いつプロポーズしてくれるんだろうと、悶々とした日々を送っている女性は多いのではないかと思います。この状況を打開するには、どう動くべきなのでしょう？

case 10

そろそろ彼と結婚したいけど、仕事中心で私のことは後回しの彼…どうしたらいい？

２年間付き合っている彼と結婚したいと思っています。でも自分からは口にせず、彼からプロポーズしてくれるのを待っています。ただ、彼は仕事大好き人間。たまにぽっと私の部屋に来る程度で、私はほっとかれる事が多く、ほとんど彼の都合にあわせています。最近、このままでいいのか不安になり、焦ってきています。彼は浮気をするタイプではないし、私が男友達と遊びに行ったなんて言うとヤキモチも焼くの

で、好きでいてくれているようですが、このまま彼を待ち続けてもいいのでしょうか？（ユッキさん）

なるほど…。ユッキさんは、自分から「結婚したい」と言わずに、彼から言いだしてくれるのを待っているのですね。でも、彼が仕事に夢中でほっとかれてしまうことが多い。そのため、このままでいいのかと焦っている。

先に、ユッキさんの『このまま待ち続けてもいいのでしょうか？』という問いの答えを言うと…。

「待っていてはダメ」です。

なぜ、待っていてはダメなのか。

それはユッキさんは今、『不安になり、焦って』いるからです。

今後、彼を信じて待っているうちにどんどん時は過ぎ、アセる気持ちが年々倍増した結果、その切羽詰まった感が態度に滲み出て、最終的に相手は逃げてしまう…という最悪のありがちパターンに陥ってしまう恐れがあるのです。それは避けたい。いや、避けてもらいたい！

では、そのためにどうするべきか。

自分の正直な気持ちを伝え、彼の気持ちを聞くべきです。ｃａｓｅ９を読んでくださった方は、「それ、逆効果じゃない？」と思うかもしれませんが、気持ちを伝える＝「結婚したい」と迫ることではありません。

・・・・・・・・・ 自分自身に問いかける

では、彼に何を伝え、どう問いかければいいのか。

それを考える前に、もし、あなたもユッキさんと同じ状況に陥っていたとしたら、あなた自身に問いかけてみてほしいことがあります。

あなたは彼氏をどれくらい好きか、ということです。

ユッキさんの場合は、「できれば早いうちに彼氏と結婚したい、少なくともその約束くらいはしてほしい」というのが素直な気持ちでしょう。

が、そんなとき、たとえば彼氏から「お前のことは好きだけど、まだ結婚する気にはなれない。あと3年待ってくれ」と言われたらユッキさんはどうするでしょう？　いや、３年と期限付きで言われたならまだしも、「いつになるかわからない」と言われたらどうするでしょう？

ユッキさんの彼氏は仕事に燃えています。それはつまり、今は自分を向上させることで精一杯、その邪魔をされたくない、ということです。「男性がどんなときに結婚したくなるか?」というテーマは、case9で詳しく述べたので、ここでは省略しますが、仕事に燃えているユッキさんの彼はまだ結婚を考えていないでしょう。

あなたの彼も同じような状況で、彼から「結婚はもうちょっと待っていてほしい」と言われた場合、彼氏を待つことができますか? 待ってもいいと思えるくらい、彼しか考えられない状態ですか? どれくらい好きか考えてみてほしい、というのはそういうことです。

伝えるべきこと

そのうえで、彼氏に伝えるべき想いは、あなたが彼氏とどうしたいのかということです。「私はあなたともっと一緒の時間を過ごしたい」とか「ゆくゆくはあなたと結婚したい」とか、そういうことです。そして彼氏に問いかけるべきことは、「あなたは私たちの将来をどう考えているのか」ということです。

でも、やみくもに伝えればいいというわけではありません。男性は結婚を迫れば迫るほど逃げようとする生き物なので、自分から結婚話を切り出す場合、ピリピリ感、アセってる感は、できれば出さない方がいい。

そのためにはどうすればいいかというと、彼氏がどんな答えを出してきた場合でもアタフタしないよう、いろいろシミュレーションしておくこと、そしてそのうえで自分がどうしたいかを事前にハッキリさせておくことです。

セオリー 24

大事な話の前には、いろいろシュミレーションしておく

もちろん、実際に彼氏の反応を見てからでないと決められない部分もあるでしょうし、自分の考えを焦って決める必要はありません。うろたえちゃダメだと言われてもうろたえたり混乱してしまうのが人間です。

そんな切羽詰まった感情をぶつけることも、恋愛の重要なコミュニケーションの一つですし、それを受け止めてくれない相手は、結局はあなたの人生のパートナーにはなり得ません。

だから、アセってる感を見せるなと言いましたが、それは「できれば」の話であって、一番

大事なのは正直な気持ちをきちんと伝えるということです。それでダメになる相手とは、遅かれ早かれダメになるのです。

結婚話で注意すべきこと

ただ、注意すべき点があります。

それは、あなたが彼氏に結婚話を持ちかけ、彼氏が「ちょっとまだ結婚は…」とか「する気はあるけどいつになるかは…」などと曖昧かつ自分勝手な返事をしてきた場合、それをズルズルと許してしまうとドツボにハマる、ということです。

彼氏の適当な答えに「ヒドイ！」と思いつつも、なんとなく許してしまい、結局いつもの日々が過ぎる、というのもこれまた本当によくあるパターンです。このパターンに陥ると、彼氏はあなたを甘く見るようになるので、ますます結婚を先延ばしするようになります。

もちろん、「○○歳になるまで待ってほしい」とか、彼氏が何かしら期限つきの回答をしてきて、あなたがそれを待てると思うのであれば、待てばいいと思います。

が、答えによっては彼氏から去るくらいの覚悟を持っていた方がいいです。それこそ、ダメだった場合、いったん距離を置いてみるとか。

覚悟は必要

そうでもしないと彼氏はあなたのことを本気で考えないし、「あ、こんな答えしか言わない俺でもついてきてくれるんだな」と、あなたを軽んじるようになります。ただでさえ彼氏の頭は仕事のことでいっぱいなのですから。

自分は彼氏とどうしたいのか。それをジックリ考えたうえで気持ちを伝え、自分との将来をどう考えているのか、彼氏に聞いてみてください。案外、「こんなこと考えてたのか」と彼はあなたの話にビックリして反省するかもしれません。「いやまぁわかっちゃいるんだけど…」と、のらりくらりとした反応を見せたとしても、あなたの真剣な想いを伝えれば、何らかの変化を与えられるはずです。

それでも結局どうにもならなかったときには…「運命の相手じゃないことに早く気づけてよかった」と思いましょう。人間の寿命が三百年くらいあるなら、気持ちのズレを感じる相手と寂しい悲しいと感じながら10年過ごしたところでたいしたダメージにもなりませんが、悲しいかな我々は80年くらいしか生きられません。

真実を早く知り、早く軌道修正して、早く幸せにならないと、あっという間に寿命が来ます（もちろん、パートナーがいるいないで幸せのすべてが決まるわけではないので、もしあなたにとってパートナーシップがとても大事なのであれば、の話です）。

真実を知ることで激しく落ち込んだり立ち直れないほど傷ついたりすることは、人間だからもちろんあります。が、それでも人間は立ち直るようにできているし、新たな恋があなたをダメージから救ってくれるのです。…と、これくらいロジカルかつポジティブに覚悟を決めていた方が、「彼しかいない」「絶対別れない」と思いながら想いを伝えるより、彼の心が動く可能性も高かったりするのです（人間というのは不思議なものです）。

人は、追われると逃げたくなり逃げられると追いたくなるアマノジャク体質だということ、そして「誰かにすがるしか道がない」と思っているときより、「いろいろな道を切り開いていける！」と思っているときの方があなたは輝くのだということを知ってください。

「常に移り気であれ」という意味ではありません。大切な相手に本気で向き合い、手抜きナシのコミュニケーションをとったうえで、視野を狭めないようにしてほしい、ということです。まずは、勇気を出して大切な存在である彼に想いを伝える！　すべてはそこからです。

どっちを選ぶべき？

なぜ一番好きな人からは一番に好きになってもらえないのだろう。…眠れない夜、そんなことを思いながらため息をつく女性は古今東西、溢れるほどにいるはずです一番好きな人と、一番好きになってくれた人、一体どちらを選べばいいのでしょうか？ 二人の男性の間で悩んでいる、20代前半のよしこさんのケースを見ながら、考えていきましょう。

case 11 一番好きな元彼、プロポーズしてくれた今彼。どっちを選べばいい？

2年間付き合っている彼からプロポーズされました。でも、一番好きなのは高校時代から3年半付き合った前彼なのです。別々の大学に進み遠距離恋愛になってから「もっといろんな女性を見てみたい」と言われ、妹のようにしか接してくれなくなったので別れたものの、今でも連絡をとっています。今彼のことを話すと「やっぱりおまえじゃなきゃダメだ」と言い、私が今の彼と結婚してもいいけど一番好きなのはあなただと言うと、「おまえの性格は好きだけど結婚したいほどじゃない」と言います。何度もあきらめようとしましたが、ひと月に一度くらい（大抵彼女がいないとき）に電話がかかってきて気持ちに踏ん切りがつきません。どうしたらいいでしょう？（よしこさん）

……えーと。とりあえずその元彼、殴っていいでしょうか。いやウソです。暴力はよくないです。……結論から言います。結婚というものを絶対したいなら今彼を選びましょう。そうじゃないなら元彼のところに戻りましょう。ただ、どちらを選んだ場合も試練が待っていることは覚悟せねばなりません。

シミュレーションしてみましょう。

今の彼と結婚した場合

まず、今彼を選んだ場合。プロポーズしてくるというのは相当な決意です。これは彼がよしこさんを「これまでお近づきになった女性のなかで一番もしくはかなり上位にランキングしている」という証です。と同時に、「今後出会うかもしれないさまざまな女性との縁をあきらめてもいい（少なくともそういう立場に自分を置いてもいい）くらいよしこさんを愛している」という証でもあります。他の女性との可能性を捨てるデメリットよりも、よしこさんを他の男性にとられてしまうデメリットの方が大きい！と彼は感じているわけです。要は俺が独占したい！他のやつにとられたくない！と。

そんな彼と結婚したらどうなるか。

よしこさんは彼から愛されているという安心感を得ながら平和な日々を過ごせるでしょう。が。モンダイはここからです。「一番好き」な元彼は、よしこさんが結婚したらどうするでしょうか。最初はおとなしくしているかもしれません。が、そのうち今までと同じようにひと月に一回くらい電話をかけてくる可能性大です。よしこさんが夫と喧嘩をしてショゲてたりなんかした日には「気分転換に会おうよ？」と誘ってくる可能性だってあります。そしたらもうなしくずしです。

つまり、結婚したけど元彼との関係も続く、短く言うと不倫関係に陥る可能性がものすごーく高い！なんたって元彼は「一番好き」つまり、よしこさんにとって一番欲望を感じる相手。

今彼と結婚後、さらに関係がマッタリし、ときめきレスになればなるほど元彼の存在は魅惑的になるわけです。で、夫に悪いと思いながら彼との関係を続け、やめたくてもやめられない不倫ドツボにハマって苦悩すると。

一番好きな元彼と結婚した場合

では次に、今彼と別れて元彼と復活した場合。

…幸せになれません。今彼を選んだ場合も悩むでしょうが、それ以上に悩むでしょう。元彼のところに戻ったところで、浮気されるか気づかぬうちにセカンドにされる、もしくは結局またふられるのは目に見えています。

おそらく彼は一部の男性（とは限りませんが）にありがちな「女を追いかけているときが一番楽しい」タイプです。だからよしこさんが他の男性のものになった途端、「おまえじゃなきゃダメだ」などと言うのです。追いかけるのが好きなのです。

でも、よしこさんが今彼からプロポーズされたことを話すと「性格は好きだけど結婚したいほどじゃない」と予防線を張る。

これはなぜか？

「おまえじゃないとダメ」なのに「結婚したいほどじゃない」。…つまり元彼は、「おまえとはこれからも会いたいけど本命とは思ってないし束縛される気も独占される気もさらさらない」と言っているんですよ！

客観的に見ると元彼がヒドイ男性であることは、今これを読んでくれているあなたには明らかだと思います。が、よしこさんは「それでも彼が好きな気持ちは変わらない」と感じているのではないでしょうか。それは仕方がないことです。

人間、いい人しか好きにならないのであれば恋愛で悩みません。相手の欠点にも惹き付けられてしまうからこそ恋愛が成り立ち、だからこそ人は恋愛で悩むのです。

というわけで、よしこさんの悩みは非常に普遍的であり、世の多くの女性が一生に一度は体験する種類の悩みだと思います。

モンダイは、ここをどう乗り切るかです。

一番いい選択は…

ハッキリ言うと、ベストなのは、元彼でもなく今彼でもない、ニューキャラと結ばれることなんですよ。元彼はよしこさんを幸せにしないというか幸せにする気さえないことは明らかですし、今彼はよしこさんをときめかせる男性ではない。となると、ときめくこともできて、なおかつよしこさんに誠実な、つまりよしこさんにとってのベター・ワン（better one）が現れるのが一番望ましいのです。

といっても、そう簡単に現れるものではないでしょうから、今ここにある危機を乗り越えるべく対処法を考えましょう！

今後の対策

さきほど言ったように、どちらを選んでものちのち悩むことになるのはほぼ間違いないと思います。

ただ、よしこさんが「浮気は浮気、家庭は家庭」と割りきれるのであれば今彼を選んでも大丈夫かもしれません。…でもたぶん割り切れないので大丈夫じゃないでしょう。だからといって元彼のところに戻るのはリスキー過ぎます。ワタシがよしこさんの友達なら「絶対戻るな！」と力説します。でも「やっぱり好きなの」と元彼との関係を復活させたら、あきれながらも「…恋ってそういうものよね」と見守りますが。恋の真実は気の済むように行動して初めて見えてくるものだったりするので。

セオリー 25 真実は気の済むように行動して初めて見えてくる

そういう意味では、元彼と復活してみるのもアリだと思います。とにかくやるだけやってみる。なにせ20代前半とまだ若いですし、「最後に自分の所に落ち着いてくれればいい」と思えるのであれば、彼のやんちゃぶりに付き合いながらいろいろ学んでいくのもまた人生です。ただ、その場合は彼が自分の元に落ち着く（結婚する）までに最低5年、もしかしたら10年くらいかかるかもしれないこと、もしくは延々付き合ったあげく結局別れるかもしれないことを覚悟しておいた方がいいとは思います。

…まぁ、一番手っ取り早いのは、今彼と結婚して元彼と簡単に会えないような離れた場所に暮らすことかもしれません。会わない期間が続けば想いは徐々に薄れていき、そうこうしているうちによしこさんには子供が生まれ、妻として、母としての自覚が育って行くなか、元彼のことは「淡い思い出」に昇華されていく…。美しいですね。遠距離で元彼がさらに燃え始めたらガーンて感じですが…。

とりあえず今日は、今彼がよしこさんにとって「失いたくない人」なのかどうかをジックリ考えてみてください！ きっとそこから見えてくるものがあるはずです。

同棲はやめた方がいい？

もっと会いたい、毎日同じ家に帰りたい。好きな人に対して、そんな気持ちが芽生えるのは、ごくごく自然なこと。ゆえに、なし崩し的に同棲を始めるカップルは多いわけですが、その結果、悲しい想いをすることになる女性もいます。同棲中の友人を持つてんてんさんも、どうすべきか悩んでいるようです。

case 12

そろそろ彼と一緒に暮らしたい。でも同棲すると男性が結婚する意欲をなくしてズルズルいってしまうとか…？

彼と同棲をしようか迷っています。同棲2年目の友人は結婚したがっていますが、彼に「結婚しなくても今のままでいいんじゃない？」と言われてしまったようです。私と彼もそろそろ同棲しようと思っていたのですが、やめた方がいいでしょうか？同棲すると相手の嫌な面が見えて別れるかもしれないから、それなら結婚しなさいと

いう意見もあり…。同棲するべきか迷ってます（てんてんさん）

…ハイ！…もうこれに関してはですね、ワタシは拡声器を持って世の女性に訴えたい。

「結婚したいなら同棲するな」と！

同棲してから後悔しても遅いぞと！

…ではまず、「なぜ人は同棲するのか？」という根本的なところから考えていきましょう。

「同棲したい」という気持ちの裏には、「好きな人ともっと一緒にいたい」という欲望があります。これは皆そうでしょうし、至って自然な流れです。

で、欲望の赴くまま、一緒に暮らし始めたとしましょう。これまではデートを終えたら別々の家に帰らなければならなかった二人が、一緒の家に帰る日々。同じ家で眠りにつき、同じ家で目を覚ます日々。ラブラブです。幸せの絶頂です。ハイ、まずここでモンダイが生じます。

同棲のモンダイ①結婚する前に幸せの絶頂感を味わってしまう。

味わっているときは当然幸せなわけですが、人間は幸せに慣れていく生き物です。絶頂感も徐々に日常と化して、いちいち感動もしなくなっていきます。つまり、二人で暮らすことは日常と化すのです。

別に日常と化すこと自体はモンダイではありません。どんな日々だって、くり返していれば必ず日常になるのですから。モンダイは、二人で一緒に暮らすことが特別な、大切なことに思えなくなってくることです。

同棲のモンダイ②　二人で暮らすことが特別なことではなくなる

特別なことでなくなるとはどういうことかというと、ボサッとしたまま、ヌボーとしたまま、二人で一緒にいるための努力を何もしなくても二人は一緒にいられるんだ！　と思い始めてしまうということです。

この状況にあるのが、まさにてんてんさんの友達の彼氏です。すでに同棲2年目、そして「結婚しなくても今のままでいいんじゃない？」という発言…あまりにパターン通りの思考回路に、ひとごとながら溜息が出るやら地団駄を踏みたくなるやら、です。

でもこれ、仕方ないんですよ。というか、同棲すると、こういうことになってしまうのです。

責任が生じない同棲

本来、他人同士である男女二人が一緒に暮らすというのは重要な意味を持つ行為です。子供が生まれる可能性を含め、一人で暮らすのとは確実に人生の方向性が変わってきますから。

そうなると二人だけのモンダイではなくなってくるので、当然双方の親や家族に承認してもらい、親戚などにも報告するという必然性が出てきます。

さらに、「自分たちの行ったことに対する責任」も自然に生じてきます。

しかし同棲は、こういった承認や報告などの作業を一切省いて行われるため、責任というものが生じません。

双方が合意のもとで行っているなら、もちろんいいのです。「責任とか約束とか、そういうものにとらわれずに、ただ一緒にいたいから一緒にいる」と。それでお互い納得しているならいいのです。

しかし、「いずれは結婚したい」と女性が思っている場合。

同棲を始めて結婚する前に幸せの絶頂を味わってしまい、二人で暮らすことを特別なものに感じなくなってしまった男性は、結婚することの意味をまったく見出せなくなるのです。

本来、結婚することで得るはずだった「いつも一緒にいられる」というメリットを、すでに手にしてしまったのですから！

同棲から結婚に至る条件

「えー、男性にとって結婚するメリットって他にないの？」と思いますよね。ないわけではありません。たとえば、身を固めないと一人前として見てくれなかったり、結婚しないと出世街道に乗れない会社に勤めている場合。商社は海外転勤には奥さん同伴が当たり前なので、転勤をきっかけに結婚する人もいるくらいです。こういう立場にいる男性は、同棲をしたあとでも結婚することに意義を見出します。

同棲相手と別の相手を選ぶ可能性もありますが…（キャー）。

また、「とにかく子供が欲しい！」と思っている男性も、結婚の意義は感じているはずです。子供が生まれても籍を入れない人は特殊な事情でもない限り、マレですから。

あとは、同棲している彼女が他の男性たちからモテモテでプロポーズなんかもされていて、彼女の気持ちが揺らいでいる場合なんかは「ここで俺が結婚しようって言わないと本当に去っていくかも…」と危機感を持つかもしれませんが、まぁ持たないケースも多いでしょう。なぜなら一度彼女との関係に安住してしまった男性のその安住ぶりたるや、女性が10人がかりで動かそうとしても動かせない10トンの漬物石のごとくドデンとしていて揺らぐ兆しナッシングですから！

ある意味、恋人を信じているといえば信じている、甘く見ていると言えば甘く見ている。で、彼女が「○○さんと結婚することにした」と報告してきて初めて「えぇぇぇぇぇ！」と腰が抜けるほど驚き、ひとり夜中に涙を流したりするわけです。その前に気づけと。さんざん結婚したいと彼女は訴えていただろうと！

ワタシじゃなくても周りの人間は皆思うわけですが、しかしすでに結婚のメリットを味わってしまった同棲メンズにとって、結婚はもはや面倒なものでしかないわけで、よっぽどのことがない限り、腰は上がらなくなるのです。

男性にとって同棲からの結婚はデメリット

結婚したら、親戚付き合いはしなきゃいけないわ、収入の多くを生活費に持ってかれるわ、自分の時間を自由に使えなくなるわ、異性と好き勝手にでかけられなくなるわ、万が一浮気をしてしまった場合は法律で処罰される可能性があるわ、もう男性にとっていいことなんてまるでないわけです（以上はすべて極論ではありますが）。

ではなぜ皆、結婚するのか？

それは、こういったデメリットを補ってあまりある「やすらぎ」や「よろこび」や「たのしさ」があるからです。それは「好きな人と一緒に暮らす時間と空間」から生まれるわけですが、同棲をしている人は、それをすでに手に入れているので、結婚でもたらされるのは、もうデメリットしかないのです（実際にはそんなことないと思うのですが、男性にはそう見えてしまうのです）。

以上が、「結婚したいなら同棲しちゃダメ！」とワタシが強く警告を発している理由です。

ただ、どんな同棲もすべてダメ！とは言いません。

てんてんさんが考えているように、期間を決めて一緒に暮らすのは一つの有効なアイデアです。ただ、二人の間だけで約束したところでたいした効力を持たないでしょうから、お互いの両親（少なくともあなたの両親）に許可を得たうえで期間を決めるのがいいと思います。そもそもが結婚を前提とした同棲なのであれば、彼も強くは反対できないはずです。

セオリー 26

同棲は期間を決めて行う

メリットもあるにはあるけれど…

ちなみに「同棲すると嫌な面が見えて別れるかもしれないから、同棲するなら結婚しなさい」という意見は、ある意味正しいですが、逆にこれこそが同棲のメリットだったりもします。

同棲は、結婚前に知っておいた方がいい相手の気質や性癖などを事前に確認できるのがメリットなのです。

一緒の空間で、ある程度長時間過ごしてみないと見えてこない部分というのはあります。結婚して初めて相手の男性が暴力をふるう人だということが発覚し、それが原因で離婚したカップルをワタシも何組か知っています。

彼女たちの場合、結婚の前に同棲していればよかったのかな…と思わなくもないですが、同棲時にはその気質はあらわにならなかった可能性もあるし、とにかく結婚したい！という勢いもあったのでしょうから、後からどうこう言うのはあまり意味のあることではないかもしれません。

事前にあれこれ考えすぎると、本当に結婚できなくなります。

「同棲は結婚のいいとこどり」です。だから、いったん同棲してしまうと多くの男性は結婚する理由をみつけられなくなるのです。

女性の結婚願望が薄れない理由

ところで、同じように同棲をしても女性の方はなぜ結婚願望が薄れないのかというと、女性には結婚や出産にまつわるタイムリミット、いやタイムデメリットがあり、ズルズル歳をとることへの焦りがあるからです。

昨今は昔に比べると男性も若さや可愛さがもてはやされる時代になりましたが、全体的に見たらやっぱり女性を年齢でどうこう言う人は男性を年齢でどうこう言う人より圧倒的に多いでしょう。

そうした違いがあるため、同棲し始めると女性は「早く結婚したい」と思い、男性は「このままでいいじゃん」と思う…。感情レベルでは永遠の平行線なので、同棲をするならする前に、しっかり期間を決めるなり、親の了解を得るなりした方がいいと思います。

ちなみに、親の了解を得て同棲を始めたけれど結局男性が結婚したがらず別れているカップルも何組も知っています…。

…と言い出したらキリがないかもしれませんが、これって根拠のないハナシではなく、男性が結婚したがらなくなる理由はハッキリしていますからね…。

同棲は女性にとってリスクが大きすぎる

…やっぱり結婚したい女性には同棲はオススメしません！

「結婚というものが自分に合っているかわからない」とか、「もしかしたら結婚はしないかもしれない」という人ならアリかもしれませんが、そうでないなら明らかに女性にとってリスクが大きい。

いきなり結婚は不安、というのであれば、週末にお互いの家に泊まる「週末通い婚」をしてみればいいではありませんか。

セオリー27

同棲より週末通い婚がベター

同棲した後で、「いつ結婚できるんだろう」とひとり悶々とする女性の皆さん（あなたです！）を想像するのは切なすぎます。「早く君と結婚したい」と意欲マンマンな彼に、「私も」とニッコリ微笑むあなたを想像したいです。

もちろん、最終的な結論をくだすのはあなたの役割です。同棲にはさきほど言ったようなメリットもあります。でもワタシがこれだけ熱く語るのには、それだけの理由があるということは頭の隅に置いておいてください。

chapter
4

復縁

そこで攻め方を変えないなんて、
もったいない！

元カノとヨリを戻した彼をとり戻したい

恋人から別れを告げられるのは、予期していてもいなくても、とてつもなくツライもの。すんなり受け入れることなんてできない！　そう感じて途方に暮れてしまった場合、どうすればいいのでしょう。28歳のさちさんのケースを例に、考えていきましょう。

case 13

自分が原因で去ってしまった彼…もう一度やり直すには？

半年ほど前、私の自己中心的な性格が原因で、彼にふられてしまいました。彼は前の彼女とヨリを戻したようです。一度は別れを受け止めたものの、正直、悔しいという気持ちが強く（好きな気持ちと混同しているのかもしれませんが）、できることなら彼ともう一度やり直したいです。どうしたらいいでしょうか？（さちさん）

彼がヨリを戻した相手は前カノ。

…ここ、重要ポイントですね。別れを切り出されるケースにもさまざまありますが、そこに前カノが絡んでいる場合、これは彼のキャラクターや置かれている状況を推測するためのヒントとなります（ちなみに元カノは過去の彼女、前カノは今の彼女と付き合う直前に付き合っていた彼女のことです。念のため）。

前カノとヨリを戻すというのは、一方の気持ちだけで成り立つことではなく、前カノの方も「やっぱりやり直したいなぁ」「やり直してもいいかも」という気持ちがあったからこそ成り立つわけです。

彼のタイプ

ということは、彼は前カノから復縁を求められるくらいイイ男、もしくは別れたあともついすがりたくなってしまうような優しくて包容力のある男、ということです。

女性が「もうあいつとは絶対ムリ！」と思っていたら復縁なんてあり得ないわけですし、一度別れた相手とビシッと距離を保つタイプの男性なら元カノからは復縁を迫りにくいですし、迫っても断るはずですから。

もちろん彼の方から復縁を迫った可能性もありますが、その場合もやっぱり元カノの気持ちが動かなければ復縁はしないので、いずれにしても彼は「一緒にいてラク」な、「甘えやすい」タイプなのでしょう。

さちさんの場合、自分を「自己中心的」だと言っているので、なおさらその可能性が高いと思います。恋人に対して自己中心的に振る舞えるというのは、「それくらいしても大丈夫そう」と思わせる雰囲気が相手に漂っているから、とも言えるので。

損得鑑定から発するもの

さちさんが言う「悔しい」という気持ちには、どんな感情があるのでしょう?「自分はこれまでの行いを反省して努力するつもりなのに、わかってくれないなんてヒドイ」という気持ちなのか。それとも、「前カノとヨリを戻すなんてヒドイ!」という気持ちなのか。

いずれにせよ、悔しいなんて感情は捨てた方がいいです。

と言われて簡単に捨てられるものではないかもしれませんが、捨てるように心がけてみましょう。恋愛において「悔しい」と感じるのは、「自分はあれだけ尽くしたのに」とか、「あれだけ我慢したのに」とか、「相手が自分を求めてきたから応じたのに」などといった損得勘定から発生するものです。自分が好きでやっていたことであれば、そもそも「悔しい」とは思わないはずなのです。

もちろん、人間なのだから、常にきれいな気持ちだけで動くのは難しいことではあります。でも、なるべくなら損得勘定を持たずに済む方向で恋愛をする方がいい。

なぜなら、損得感情は結局は相手に伝わってしまうものであって、相手を萎えさせてしまいますし、何より自分の思い通りに相手が動かなかったとき（人生、そんなことの方が多いです）、いちいち消耗することになり、恨みがましい感情のせいで、あなたの魅力がすり減っていくからです。

セオリー 28
「悔しい」という感情が生まれない恋愛をしよう

以上、要点ごとに掘り下げてみましたが、遅ればせながら結論を。

…本当に彼とやり直したいのであれば、これまでと同じアプローチではダメです。

さちさんの場合、自己中心的に反論したりわめいたりすればするほど、彼は遠ざかっていくでしょう。

人の長所と短所は表裏一体なので、彼が別れたいと思った理由と、付き合いたいと思った理由は、実は同じだったりします。さちさんの場合、別れの理由である「自己中心的」なところ（言いかえると奔放だったり気が強かったりするところ）に、出会った当時の彼は惹かれていたはずです。でも今の彼は、さちさんのそんな部分に疲れてしまって、その結果、前カノとヨリを戻したのだと思うのです。自分らしさは大事ですが、自分のペースをふりかざしてばかりでは、相手だって辟易してしまいますよね。

今後の対策

彼とやり直したいのであれば、「私はあなたが本当に好きで、これからも一緒にいたい」「これまであなたを苦しめてきた自分の悪い部分は改めたい、改めるために努力したいと本気で思っている」といった真摯な気持ちを伝え、そのうえで「もし戻ってきてくれる気になったら、いつでも待っている」と、あくまでも謙虚なスタンスをアピールするのが大事です。そこまでやってダメだったら、もうそれは仕方ない。縁がなかったのです。人生、そういうときもあるのです。でも心配しなくても大丈夫です。縁はまた別のとき、別の形でやってきます。

好意と執着は別モノ

そして、ヨリを戻したい場合、自分自身に問いかけてみてほしいことがあります。それは、「自分は本当に彼が好きなのか?」「本当に彼じゃないとダメだと感じているのか?」ということです。

さちさんの場合、相談文にも書いているように、悔しさを「好き」な気持ちと混合している可能性があります。つまり彼に執着してしまっているのです。

ただ、「自分が相手を本当に好きか否か」を判断するのは難しいことです。好きであろうと執着であろうと相手を欲していることは同じなので、一見似たようなものに見えますから。

でも、好意と執着は別モノです。執着心から相手にしがみつき相手をふり向かせることができたとしても、その後うまくいくかどうか、そしてうまくいったとしてもお互いに愛に満ちた安らかな日々を送れるかというと、結構難しいものがあると思います。

好意で付き合う場合は、自分の行動を「好きでやっている」と納得しているので、たとえ別れることになり悲しみに明け暮れても誰かを恨んだり悔しいと思ったりすることはなく、次のステージに向かえるものです（そこまでにかかる時間は人それぞれではありますが）。

一方、執着で付き合う場合、うまくいかなくなったときには「こんなはずじゃない」「私は頑張っているのに」「絶対に彼を離してなるものか」といったネガティブな感情からイヤ〜なオーラが発生し、相手はさらに遠ざかる、という悪循環が起こります。世の中、片方の執着でくっついている男女は山ほどいますが、そういうカップルは大抵、執着を持つ側が「捨てられたらどうしよう」とビクビクしているので、できるならそうならない方が幸せだとワタシは思います。

セオリー 29

執着で彼をふり向かせても穏やかな日々は訪れない

ともあれ、「やっぱり彼が好き！　彼じゃないとダメ！」と感じるのであれば、好意を謙虚さと共にアピールして待つ。ひたすら待つ。これしかない（ちなみにｃｈａｐｔｅｒ１で話した3点セットのうちの「ライト」はここでは不要です。真剣さをアピールすることが第一なので）。

そして、もし「彼のこと本当に好きなのかな」と思えてきたら、そもそも彼のどこが好きなのか、逆にどこが嫌いなのか、ジックリ考えてみてください。第三者でないとわからないこともありますが、自分自身で突き詰めてみないとわからないこともあるのです。

自分を見つめ直し、相手を見つめ直した時間は絶対に無駄になりません！　彼とヨリを戻すにしても、彼以外の可能性に目を向けるにしても。

私のわがままが原因で別れた彼とヨリを戻したい

恋人が別れを切り出してきたとき、「好きな人ができた」と言われるのもショックですが、「きみのこういうところが我慢できない」と言い放たれるのもショックです。もっと早くどうにかできたことなのか、それともどうにもならないのか。ねえさんのケースを見ながら考えていきましょう。

case 14

私の甘えやわがままが原因で去っていった彼…。どうしたらやり直せる？

先日、些細な喧嘩がきっかけで彼にふられました。私が彼にある相談をしたところ、甘ったれるなと怒りだしたのです。そして、「今後、仕事するにあたっていろいろな悩みが出てくるのに、君がそんな相談をしてくるのが耐えられない。今までは君のためを思ってわがままを聞いてきたけれど、これからはその時間とお金を自分に使いたい」と言われました。そのときは、泣く泣く別れを了承したのですが、まだ彼のことが好きでたまりません。どうしたらいいでしょうか。（ねぇさん）

…フムフムフム。今回は相手の男性のスタンスが非常にクリアですね。まったくブレも揺るぎもない。言いかえると、それだけ彼の気持ちは熟してしまったと。ふとしたときにポッと思いついた考えではなく、もうこれまでに何度も何度も考えたあげくの結論なのだと思います。

しかし、どうやらねぇさんには突然のことだったようですね。そんな二人の認識のズレを表すのは、ねぇさんの相談文にある『些細なことが原因で』という一節です。

ねぇさんにとっては些細なこと、しかし彼にとっては、その些細なことがすごく重要で、ずっと気になりつつ、おそらく何十回・何百回と見逃し続け、ガマンし続けてきたんだと思います。ねぇさんにとっては「いきなりなんなの⁉」とビックリすることだったのでしょうが、彼にとってはいきなりでも何でもなく、「俺はずーーーーーっとガマンしてきたんだ！」と、はらわたが煮えくりかえることだったんだと思います。それが、ちょっとしたことをきっかけに爆発してしまったと。

彼の発言『これから仕事をするにあたりいろいろ悩みが出てくるのに、甘ったれた相談をしてくるのが耐えられない』『今までは君のためを思っていろんなわがままに合わせてたけど、これからはその時間とお金を自分に使いたい』の理由をもっと簡単に言うと、「俺、いま自分のことで精一杯」ってことなんですよね。

彼に限らず、人間すべてに言えることですが、時間的・金銭的・体力的・精神的に余裕があるとき、人は他人のわがままも大目に見てあげられるものです。が、そうでないときは、簡単に許せなくなる。自分がそうなったときのことを想像してみればわかりますよね。

しかも彼の場合は、喧嘩になったそのときだけ余裕がなかった、というわけではない。今後さらに余裕がなくなっていくのです。少なくとも彼はそう予感しているのです。これから仕事をガシガシ頑張らなければいけないのに、わがままで甘えん坊な女をフォローするゆとりなぞない！ むしろ自分が誰かに支えてほしいくらいだ！ というのが彼の本音でしょう。

要するに、今は自分にとって負担になるような関係は持ちたくない、と。

おそらく彼の主張は説得力と迫力に満ちていたと思います。ゆえに、ねぇさんは「泣く泣く了承」するしかなかったということでしょう。

彼とやり直す方法

…すでにお気づきかもしれませんが、こういうケースで彼とやり直す方法は一つしかないんですよ。

あなたが、彼を甘えさせる女性になる。

これです。

「そんなの急に無理！」と思うかもしれませんが、今、彼が必要としている女性は、そういう女性だと思います。

というか、そうじゃない女性は不要。いや、それは言い過ぎだとしても、とりあえず負担なのです。

人間には誰しも「人生を決める踏ん張り時」がありますが、彼にとっては今がまさにそれ。ここでいかに頑張るかで、自分の人生が決まる！彼はそう思っているはずです。

それこそ、死ぬまでにどんな家に住めるか、どんな車を持てるか、どれくらいの生活水準を保てるか、どんないい女と結婚できるか、これらすべてが今後の仕事の頑張りにかかってくる。そういう思いを無意識のうちに抱いているはずです。

男性が「仕事に頑張る」というのは、そういう意味を持つのです。

一方、女性はというと、バリバリ働く人生も選べるようになったけれども、一方で主婦業を選ぶことだってできます。少なくとも主婦になったからといって周りから「へぇ…」と変わった人扱いをされることはありません。

そして、最初はバリバリ仕事をしていたけれども途中で仕事をやめて主婦になる女性も多い。つまり男性に比べて逃げ場がある。人生の選択肢が多いのです。

もちろんいいことばかりではありません。たとえば子供を産めるのは女だけなので仕事と出産の両立に悩むことになったりもするし、いくら女性が進出したとはいえやはり多くの職場は男性社会なので、仕事ができるからといって出世できるとは限らない。女性としての魅力と男性に負けない仕事ぶりの両立を常に考えて行動しなければならないという大変さがあります。

男性にとって仕事とは

男性の人生にはそういう複雑さがないかわりに、向き不向きや好き嫌いにかかわらず仕事と一生付き合っていかなければならないというガチンコ勝負が最初から設定されてしまっているというキツさがあります。

もちろん皆が皆それに当てはまるわけではありません。最近は「主夫」になる男性もいますし、男性より女性の方がバリバリ働いているカップルも少なくない。

でもやっぱり全体的に見れば「自分は一生仕事をする、そしてその仕事ぶりが自分の価値を決める」と思っている男性が依然として多くの割合を占めていることは事実だと思います。そして、そういう男性の方がいいと心のどこかで思っている女性も依然として多いのではないでしょうか。

…と、男性にとって仕事というものの意味がどれだけ重いかを語ったところで話を元に戻すと。ねぇさんの場合は、踏ん張り時にある彼の負担になってしまっている。現時点では。

でも、ねぇさんの行動次第でその状況を変えることはできます。

なぜなら、彼がねぇさんと別れようと言い出した理由は、「わがままで甘ったれ」という点に集約されているから。

「性格が合わない」とか「価値観が合わない」と言われてしまったわけではないのです。

人間、性格や価値観を変えるのは難しいけれど、姿勢を変えることはできます。

わがままでいられるのは、わがままでいても許される状況があるからで、それを直さなければいけない状況になれば、わがままな性質は直さざるを得なくなります。極端なたとえをするなら、貧民街にニートがいないのと同じです。

なので、「彼じゃないとイヤ」と思うのであれば、今の自分の姿勢を改善していく方向で努力すればいいのです。

たとえば、彼に対してわがままをぶつける前に、ひと呼吸おいて自分のなかで「これって相手にとって負担になるかな?」と考える癖をつける。

そういう「思慮」と「我慢」が、おそらくねぇさんには足りなかったのだと思います。

ただ、あまり我慢や遠慮をし過ぎるのもモンダイです。関係を円満に保つために適度な我慢は必要だけれども、しょっちゅう我慢しなければ続かないような関係を続けるのは無意味です。

いや、何らかの意味はあるかもしれませんが、ヘトヘトになってしまっていつかダメになるでしょうし、続いたとしても幸せと感じられる日々にはならないでしょう。お互いが自然でいられる組み合わせがやはりベストなのですから。

今するべきこと

…ということを考えていくと、今ねぇさんがすべきことは、彼とモトサヤに戻るためにどうこう、という以前に、何度も言っていることですが、「自分にとって彼がどういう存在なのか」

を真剣に考えることなのだと思います。

なぜ自分は彼が好きなのか。

彼じゃないとダメなのか。

彼じゃなくてもいいのか。

彼が今求めているような女性になるために努力する意欲があるか。

そこまで真剣に考えなくても～と思うかもしれませんが、なにせ彼の意志は固いのです。本気で「自分は変わるから！」という気持ちを見せないと彼の心は動かないでしょうし、モトサヤに戻るのは難しいと思います。

もし、自分を変える自信がなかったり、そこまでして付き合うのは…と思うのであれば、それはそれでいいのですよ。

今のねぇさんを受け入れてくれる人と付き合う、という手もあるのですから。

恋愛はつまるところ需要と供給が一致すれば平和になるわけで。「甘えんぼの女性じゃないとつまらん」という男性も、世の中にはちゃんといますからね。

ただ、相手がどんな男性であっても、常にわがまま放題、甘え放題では、最終的にそっぽを向かれてしまいます。彼に再アタックするにせよ彼のことはあきらめて他の人と今後付き合うにせよ、「わがままをぶつける前のひと呼吸」は忘れない方がいいでしょう。
二度と同じ失敗をくり返さないためにも！

セオリー30 わがままをぶつける前のひと呼吸を忘れずに

ところで、ねぇさんのケースでは、彼氏の行動にも注目してほしいのです。彼のように不満がたまりにたまって初めて爆発するタイプの人、案外多いのではないでしょうか（どちらかというと女性に多いかと思いますが）。

なので、パートナーがこういうタイプかもしれない、と思う人は、気づいたときには手遅れ、となるのを防ぐためにも、「自分の行動（注文、文句、お願い、暴言、などなど）が相手の負担になっていないか」をコマメに考える癖をつけるといいと思います。

そして、「なってるかも？」と不安になったら、「もしかしてイヤだった？」と相手に聞いてみる。それを（相手にウザがられない頻度で）行うことによって、どういう言動が相手にとって負担になるかが次第に見えてくるはずです。そうすれば、甘え上手だけどわがままじゃないという、男性にとっては無敵な可愛さを持った女性になれると思います。

そこに、優しさや包容力が加わって、男性を甘えさせられる女になったら完璧です！

度が過ぎると「都合のいい女」になってしまうので注意が必要ですが、つまりは「私が彼に甘えたいように、彼だって私に甘えたいんだ」と思うようにすればいいのです。

セオリー 31 彼を甘えさせられる女になる

もちろん、考え方や行動パターンはすぐに変えられるものではないでしょう。

でも、以上のことを心がけると心がけないとでは1年先、5年先、10年先が違ってきます。

今は「もっといい女になるための踏ん張り時」なのだと思って、頑張って！

彼への想いをふっきりたい

失恋はツライ。悲しんでも悩んでもどうにもならないとわかっていても、やっぱり悲しいし悩んでしまうし、ため息をついてしまう。好きな人に自分の想いを受け止めてもらえなかったのだから当然です。でも、ずーっとその状態を続けていては、あなたの人生がもったいない！

傷ついたココロの立て直し方を、しーたんさんの例をもとに考えていきましょう。

case 15
結婚したいと思った彼が別れた奥さんとモトサヤに！恋心を断ち切るにはどうすればいい？

先日、彼から突然別れを告げられました。知り合ったのは3年前。最初はなんとも思っていなかったのですが、2ヶ月前、私が交通事故にあった時に支えてくれたことがきっかけで交際がスタート。そのときに彼から、バツイチであること、子供がいること、でも元の奥さんとはヨリを戻すことは絶対にないということを聞きました。私にとって、初めてありのままの自分を見せることができた相手で、結婚も考えていました。なのに彼は急に「別れた妻とやり直したい」と言って去っていったのです。これからも仕事の関係で顔を合わせることがあります。そのときの事を想像するだけで、辛くてたまりません。一体どうしたら、彼への気持ちを断って立ち直ることができますか?」(しーたんさん)

…しーたんさん。きっと今もツライ気持ちに耐えているところだと思います。でも、この辛さはいずれ克服できます。安心してください。今はめちゃくちゃ落ち込んでいるでしょうし、元気になっている自分が想像できないかもしれません。でも、痛みは癒せます!

では、どうやって?

恋愛の傷を癒すもの

…恋愛の傷を癒すものは何か? というのは、古今東西、いくどとなく語られているテーマです。よく言われるのは「時間」、つまり時の経過です。どんなにツライ失恋をしても、時間がたつことによって自然と傷は癒えていく。確かにそうだと思います。「もうダメ」「二度と立ち直れない」と思うような手痛い想いをしても、時間がたてば徐々に痛みはやわらいでいきます。生き物が物事を記憶する能力があると同時にジワジワと「忘却」していくのは、健康な精神状態を保ち、生き続けていくための措置なのではないか、とさえ思います。

ただ、どんなに時間がたっても、5年たっても10年たっても20年たっても、心の真ん中には過去の相手が居座っている…そんな状態にある人もいるはずです。それを克服するにはどうすればいいのでしょう?

新しい恋をする。これしかありません。

恋愛の傷は恋愛によってしか癒せない。ワタシの持論です。

新たに好きな人ができたり恋人ができたりすることによって、以前の相手が初めて「過去」の相手になるのです。

セオリー 32

恋の傷は恋でしか癒せない

新しい出会いを見つけましょう。

すぐにはそんな気持ちになれないかもしれませんが、気分転換のためにも、人の集まる場所に出向いたり、飲み会やパーティーや合コンに参加したりするのは有効な過ごし方です。そして別れた彼のことを忘れさせてくれるような男性と出会えたら、それがベストだと思います。

ただ、いくらそういう過ごし方をしたところで、心ここにあらず、ふとした瞬間に彼のことを考えてしまって、他の男性など目に入らない、その場も楽しむことができない…といった状態に陥るかもしれません。

彼への気持ちを断つ方法

そのときに必要なのは「彼への気持ちを断つ」ことです。そして、彼への気持ちを断つためには、自分の気持ちにケリをつけなくてはなりません。

ではケリをつけるためにはどうすればいいか?

「なぜ」という気持ちに、何らかの答えを与えることだと思います。

しーたんさんの場合、「なぜこうなってしまったんだろう」「なぜ彼は私ではなく別れた奥さんを選んだんだろう」「なぜ私ではダメだったんだろう」と、さまざまな「なぜ」に苦しんでいる状態だと思われます。

その「なぜ」を、自分なりに解消する必要があると思うのです。

セオリー 33 「なぜ」という気持ちを放置しない

そのために、ハイ！ これまでのいきさつを一つ一つ見ていきましょう。これによって、さまざまな「なぜ」に対するヒントを得られると共に、今後どうすべきなのか、今後の恋愛ではどういったことに気をつけるべきなのか、なども見えてくるはずです。

まず、『交際のきっかけは、しーたんさんの交通事故』。

…いきなり重要な局面が始まってしまったのですね。交通事故によって受けた心身のダメージを癒してくれた人が素敵に見えるのは自然なことだと思います。

そして、彼は別れた奥さんのことを隠すことなく、正直にしーたんさんに伝えていたわけですね。このあたり、好感が持てますよね。

恋のファイル

モンダイなのは、彼が『ヨリを戻すことはない』と言っていたことです。この台詞は…今後しーたんさんが出会って好きになった男性が同じ台詞を発したとしても、いちいち本気にとらない方がいいです。「ふーん、そうなんだ♡」くらいに聞き流しておけばよろしい。なぜなら、そもそもこの台詞、まったく根拠がないのです！

「…でも、時間が恋の傷を忘れさせるんじゃ？」と思うかもしれません。確かにそうです。恋の経年治癒作用は男女ともに当てはまります。ただ、男性の場合、傷が癒えようが癒えまいが、10年たとうが20年たとうが、人生で一番好きになった人は、その後も彼のなかでハッキリと「一番好きになった人」なのです（一番大事かどうかは、また別です）。

「女性の恋は上書き更新」で、恋をするたびに過去のファイルは消えますが（少なくとも下心は抱きにくくなる）、男性はそうではない。

男性の場合、恋のファイルはどんどん増えていって、新しいファイルは別名で保存。過去のファイルは消えません。もちろん、彼の場合、何らかののっぴきならない事情があったからこそ一度離婚したのでしょうし、「簡単にモトサヤには戻らんぞ」という気持ちがお互いに存在した時期もあったでしょう。でも、別れたことによってお互いの大切さを実感するケースだってあります（彼と奥さんはそのパターンだったのかもしれません）。

ともあれ、「ヨリを戻すことはない」という台詞は、彼の勘違いもしくは自己暗示だったのです。「ああ言ってたのになぜ!?」と、しーたんさんは思っているかもしれませんが、そもそも彼の認識が間違っていたのです。本人がウソをついたわけではなくても結果的にはウソだった、ということは恋愛において非常によくあることだというのを知っておいた方がいい。出会って日が浅い関係ならば、なおさらです。

本人の言葉＝本人の真実、ではない。この教訓は、必ずや今後の恋愛に活かせると思います。

セオリー 32
「本人の言葉＝本人の真実」ではない

彼はしーたんさんにとって『初めてありのままの自分を見せることができた人だった』というのは、彼の前では素直になれた、自然でいられた、ということですよね。そして同時にときめきもあったのでしょう。だからこそ出会って2ヶ月で結婚したい！という気持ちになったのではないでしょうか。事故をきっかけに彼と仲良くなり交際することになったのも、彼としーたんさんの相性が良かったことの現れだと思います。

…ただ、彼からしてみると、その状況は「人生を覆すほどの大事件」ではなかった。シビアな言い方をすると、結局そういうことなんだと思います。だからこそ、交際7ヶ月後に、『別れた嫁とやり直したい』と言って去って行ってしまった…。

●●●●●●●●●

彼との関係性

結婚と離婚を経て、間に子供もいる元奥さんと彼との関係は、たとえていうなら、筆洗の中できれいな色の絵の具も濁った色の絵の具もすべてが混ぜ合わさって、なんだかわからないけど濃い色になっている水のようなモノです。

一方、しーたんさんと彼との関係は、まだ白やピンクやグリーンしか入っていない、淡い色の水です。交通事故というヘヴィな体験を通じて育っていった関係ですし、心の深いところで通じ合った関係かもしれません。しれませんがしかし、彼にとっての元奥さんとの関係とは、濃さが違うのです。少なくとも彼はしーたんさんの前では、彼が自己嫌悪に陥るような醜い姿は見せていないはずです。

彼と元奥さんは、離婚するにあたって、きっとお互いがお互いを嫌になるような、そしてお互いに自分自身に嫌気がさすようなやりとりを少なからず経験していると思います。

その結果、「絶対にモトサヤはあり得ない」という結論に至るカップルもいるわけですが、彼はそうではなかった。子供とまた一緒に暮らせるというのも大きかったのでしょうが、ヨリを戻すということは別れた奥さんに対する想いは消えていなかった、少なくとも「戻れるならそれに越したことはない」と彼は感じていたのでしょうし、別れた後でも奥さんに女性としての魅力を感じていたのだと思います。

子供がいようが何がいようが、ヨリを戻さない人は戻さない。そして男性は、子供を愛しているからといって、欲望（性欲でも支配欲でも独占欲でもいいですが）を抱けない女性のために一生を捧げる生き物ではないと思います。

彼とは今後も仕事の関係で顔を合わせるということですが、すでに顔を合わせたでしょうか？　気まずい空気が流れたり、「やっぱり好きだ」と感じて、胸が痛くなったりしたかもしれませんね…。

大好きな相手、結婚したいとまで思った相手なのだからそうなったとしても当然です。かといって職場でギクシャクし続けるのも嫌でしょうし、顔を合わせないようにするのも難しいですよね。…と考えると、これはもう慣れるしかない。ではどうやって慣れればいいのか？　それを次で説明します。

今後の対策

彼と接する機会があるにしてもビジネスをするうえで必要なやりとりにとどめる。そして、交際したことも含めて何事もなかったかのような態度で接すればいいと思います。「でも、あんまり素っ気ないのも…」と思うかもしれませんが、そんな心配は無用です。というか、素っ気なくするくらいじゃないと、しーたんさんは彼のことを忘れられないと思います。

彼にしてみたら、自分の都合でふった相手が変わらずフレンドリーにしてくれたら、こんなにありがたいことはないわけです。罪悪感に悩まされずに済みますし、たとえ短期間でも好意を持って交際した相手とは、その後も付き合いを持てるのは男性にとって嬉しいことですから。

しかしそれでは、しーたんさんが前に進めない。仕事以外のことでも言葉を交わし、笑顔を見せられ、彼の素敵なところを再認識する機会など持とうものなら、恋心が再燃すること必至です。もちろん、永遠に彼に素っ気なくしろとは言いません。でも、少なくとも新たな恋人を見つけるまでは、必要以上のやりとりはしない方がいい。感じ悪くする必要はないですが、笑顔は見せてもビジネスライクにしていましょう。好きな人にそんな風に接するのはツライかもしれませんが、彼への気持ちを断ちたい、そして立ち直りたい、と思うなら、そうした方がいいです。彼を「やっぱり素敵」と思ったところで、彼には一度離婚したにも関わらずヨリを戻すほど深い繋がりがある奥さんがいるのです。そして、しーたんさんも、そんな繋がりが生まれるような相手とこれから出会うはずなのです！　だから、彼の存在によってその道が阻まれてはいかんのです！

今はまだツライかもしれません。でも、そう遠くない未来にきっと立ち直ることができるでしょうし、彼とのことを過去にできる日が来るはずです。

そのためにも、最初の方で言いましたが、新たな出会いに巡りあえる機会は阻まないでください。新たな恋を見つけるまでは門戸開放キャンペーンを実施！　ガッつくのは相手に引かれてしまって逆効果ですが、とにかく門は開けておく。別の誰かを「好き」と思えた瞬間に、恋の傷は過去のものとなり、初めてファイルは上書き更新されるのです。

chapter 5

出会い

そこで思いつめるなんて、もったいない！

恋に消極的になってしまう

失恋したことが傷となって、自分に自信が持てない。だから恋愛する勇気も出ない…。今回の悩みにも、共感する人は多いのではないでしょうか。

case 16

失恋がトラウマに。このままじゃ彼氏ができない!?

私は23歳で今まで男性と付き合ったことがありません。今、気になっている人がいるのですが、突然、連絡がとれなくなり、もう無理だと思ってしまって自分から連絡できません。実は3年前に大好きだった人にふられたことがトラウマになっていて、少しでもダメだと思うとすぐあきらめてしまうのです。この先、ずっと彼氏ができないのではと心配です。(テイルさん)

結論から言います。大丈夫! 彼氏はできます!

ただ、そのためにはテイルさんが「変わる」努力をする必要があります。

一番大事なのは経験

世の中には恋愛が得意な人と苦手な人がいます。「そんな風に分けられたくない！」と思う人もいるでしょうが、これは明白な事実です。では何が「得意」と「苦手」を分けるのでしょう？ もちろん才能も関係します。が、一番大事なのは「経験」です。これはワタシ断言しますが、恋愛ほど「経験」によってスキルアップできる分野はありません。

音楽センス、運動神経、学力、洞察力、その他いろいろ、物事には「こんなに頑張っているAさんより、特に修行もしていないBさんの方がセンスがある」という事実を目にすることが結構あります。最終的にプロの世界になると、センスに加えて向上心を持つ者同士の闘いになるのでまた話は違ってきますが、それ以前のレベルにおいては、「才能だよな、結局は」と痛感することって結構多いものだと思います。

しかし、恋愛は違います。たとえ、「いつも鋭いことを言うCさん」「発想が実に面白いDさん」でも、恋愛のことになるとトンチンカン、ということはよくあります。

それはなぜか？

経験が乏しいからです。恋愛はトライ&エラーのくり返しによって、より良い形に近づいていくものです。いくら自分のなかで素晴らしい「恋愛計画」が構想されたところで、自分の想いや行動が相手の心に響かないことには、どうにもならない。

そして、どうすれば響くか？　は、経験によって、つまり、行動→失敗→学習→行動→失敗→学習、の積み重ねによって身につけていくしかないのです。ちなみに「人数」が多いからといって経験が多いことにはなりません。

重要なのは、「いかに本気で相手にぶつかり、いかに学んで、いかにそれを次の行動にとり入れたか」です。

セオリー 35

恋愛力は経験によってスキルアップできる

テイルさんは「自分は恋愛が苦手だ」と感じているかと思います。でも苦手で当然です。なぜなら、テイルさんには圧倒的に経験の積み重ねが不足しているから。でも、それはこれから積み重ねていけばいいのです。

モンダイは、3年前の告白以来、テイルさんが「自信」を失っていることです。

大好きな人に自分の気持ちを受け入れてもらえないのはツライ。このツラさは経験した人にしかわかりません。でも同時に、誰もが通る道なのです。初恋や最初の告白で想いが成就する人なんてマレです。ほとんどの人は失恋するし、落ちこんだり反省したり学んだりを何度もくり返して、ようやく運命の相手にたどり着くのです。だからまず、3年前の失恋を「たいしたことじゃない」と思いましょう。「自分は男性から受け入れられない女なんだ」なんて間違っても思ってはいけません！

謙虚と卑屈は違います。「卑屈になること」は、「恋愛におけるタブーTOP10」に入るくらい大きなNGポイントです。

自分を相手と置きかえてみればわかりますが、卑屈な人間を「素敵だ」と思う人はいません。もちろん謙虚さは大事ですが、それが度を超すと相手は不快になるものです。お店で店員さんから「たいしたものじゃないですが…」と言われて、その商品を買う気になりますか？ ならないですよね。卑屈になってしまったら、その人の魅力は発揮されないまま相手は敬遠してしまう。テイルさんにはアピールすべき魅力が絶対にあるのです！ ふられたのは、たまたまその男性の好みと合わなかっただけです。

セオリー36

卑屈になる必要はない

ただ。自信うんぬんを語る前に、ふり返るべきことがあります。それは、テイルさんが「男性から見て魅力的に見えるようビジュアル面の努力をしているか」ということです。「あんまり外見に気をつかってない…」というのであれば、ここ重要ポイントです。

別にエステに行けとかやせろとかいうことではありません。太っていようがニキビがあろうが、モテる人はモテます。スタイルがよくても美人でも、モテない人はモテません。大切なのは女性としての色気アップ向上心が表に現れているか、ということです。

外見の話をすると、「人間中身でしょ!」とか「媚びた女になりたくない」などと言う人がいますが、言語道断です。じゃあ自分は男性の外見を気にしないのか、という話です。

見た目を気にすることは、中身をないがしろにすることでも媚びることでもありません。相手に自分を知ってもらうための入り口を作ることです。出会ってすぐの時点では相手の中身までわかりません。情報はビジュアルに集約されています。特に男性は、女性の裸を見ただけで興奮することからもわかるように、女性に比べてビジュアル依存度が高い生き物です。それはもう仕方がないことなのです。

だから入り口を作ってあげましょう。「この子のことを知りたいな」と思ってもらうためにも、外側チェックでふり落とされてはもったいないのです！　自我をちょっとゆるめて相手に一歩譲る。これができるかできないかで、恋愛スキルは大きく変わってきます。

セオリー 37 外見に気をつかうことで入り口を作ってあげる

「恋愛をするには自分の個性を捨てろ」と言っているのではありません。個性はあとから見せればいい。恋愛対象に入れてもらったあとで、キャラを出していけばいいのです。

「卑屈にならず素直になる」「外見でふり落とされないよう努力する」。この二つを実行すれば、好きな人はできるのに彼氏ができないなんてことはありえません。あとは最初に言ったように経験を積むのみ！　です。

本気で恋愛して失敗して本気で学んでいけば、どんどん魅力的になっていって必ず彼氏はできますよ。

自分磨きをしているのに彼氏ができない

ルックスや性格に大きなモンダイがあるわけでもないのに彼氏ができない…一体どこをどうすればいいんだろう？　こんな悩みを持つあなたの突破口を、ここでは考えていきましょう。

case 17
気が付けば彼氏いない歴27年…
なぜ自分には彼氏ができないの？

私は27歳にもなりますが、恋愛経験が一度もありません。きれいな肌になる努力をしたりおしゃれも好きで外見的には頑張っているつもりですし、おしゃべりも楽しくできる方だと思っています。今までに普通に人を好きになったことはあります。でも、彼氏のいた私の友達の方がその人と付き合ってしまったり。何事も遠慮しがちな性格のせいでしょうか？　恋人が欲しい気持ちはあるのに、強くなろうとして、自分の時間を楽しもうとしたり自分磨きに専念しているうち、結局一人でもいられるようになってしまった気がします。なんとか「一人でも平気体質」を改善して彼氏が欲しいです。年令的にも新たな出会いなどない場合、どうしたら人を好きになり恋愛できるのかアドバイスをお願いします。（京子さん）

…一人でも平気体質。この言葉にギクッとした読者の方は結構多いのではないでしょうか。非常にコンテンポラリーなテーマです。ワタシの周りにもこの傾向がある女性は少なくない。

いや、男性にも多いです。「素敵な恋人がいたらいいなぁ」と本人は思っているんだけれども、自分から積極的に動くほど焦っているわけではない。異性と知り合う機会がまったくないわけではないんだけれども、なかなかときめく相手にはめぐりあわない。そうこうしているうちに日々は過ぎ、焦る時期とそうでもない時期をくり返し現在に至る…みたいな。

念のため言っておくと、生き方というのは人それぞれで、「恋人がいる生活じゃないとダメ」なんてことは全然ないわけです。いなくてもよし、そんな人生もあり、と本人が納得できているのであれば、別に無理に恋をすることはないのです。でも、京子さんは恋をしたい、彼氏が欲しい、と願っている。ならば、それに向けてどうすべきかを考えていきましょう。

京子さんのように、自分磨きをしているにも関わらず彼氏ができない原因は、①スキがない、②理想が高い、③恋愛が人生における重要項目ではない、④親から自立していない。このどれかだと思います。

このタイプの人は真面目で頑張り屋

京子さんの相談を読んで、まずワタシはこう思いました。

京子さんは真面目で頑張り屋さんなのだな、と。『きれいな肌になる努力したりおしゃれも好きで外見的には頑張っている』とありますし、『おしゃべりも楽しくできる方』とあります。

たぶん、外見に無頓着で自分がどう見られるかを客観視できず傍若無人な、いかにもモテなさそうなタイプ、ではなく、周りを不快にさせないよう気をつかい、逆にチャンスを逸するタイプかと推測します。『恋人が欲しい気持ちはあるのに、強くなろうとして、自分の時間を楽しもうとしたり自分磨きに専念しているうち、結局一人でもいられるようになってしまった』という言葉からも、京子さんのストイックな面が見え隠れしています。

自分なりに頑張ってきたつもりだけど、なぜか周りの友達のように彼氏ができない…なんでこうなっちゃうだろう…そんなモヤモヤとした気持ちを払拭するには、冷静に自分をみつめ直すしかありません。

京子さんになぜ恋人ができないか？
それはさきほどあげたように、まず京子さんに「スキがない」からです。

美人で性格もいいのにモテない人

世の中には、美人でお洒落もしているし性格もモンダイがあるわけでもないのになぜかモテない、という人がいます。「すでに相手がいると勘違いされて誰からもアプローチされない」というケース、もしくは「自分なんて相手にしないだろ」と男性から高嶺の花扱いされてしまっているケースも多いでしょう。と同時に、条件的にはモンダイないけれども「スキがない」ため恋愛に進まない、というケースも多々あるのです。

スキがないとはどういうことか。

要は、男性がアプローチするテンションを萎えさせる雰囲気があるということです。

具体的には、「うかつに手を出したら面倒なことになりそうだなぁ…」と思わせたり、「どうも色っぽい展開に持っていく気になれないなぁ…」と思わせてしまうバリアのようなものを発信している。

そんなもの発信してるつもりは！　と思うかもしれませんが、これは無意識に行われるものなので、自覚がないのは当然です。

たとえば、飲み会で「いいな」と思える男性が自分の目の前に座ったとする。運良く相手が自分に話しかけてくれたとする。そのときに、「この人、なんで話しかけてくれたんだろ」「遊び人なんじゃなかろうか」「ホントは隣のＡ子の方が好みなんじゃなかろうか」「きっと親切心から声をかけてくれたに違いない」「私と話すのは間を持たせるためだ」…などと、ネガティブなことを考えたりしていませんか？

恋愛において「卑屈さ」というものは、ＮＧトップ10に入るくらい避けるべきものだと、一つ前のケースでも書きました。もちろん傲慢になるのは論外ですが、適度な自信、適度に自分を肯定できるおおらかさは、確実に恋愛をスムーズに進ませるための後押しをしてくれます。

セオリー 38　自分を肯定できる適度な自信とおおらかさを持つ

相手の立場に立ってみればわかるはずです。

もし京子さんが飲み会で男性に声をかけたとき、その男性が自信なさげなオーラをプンプン発していたらどうでしょう？　アプローチしようと思いますか？

謙虚さは美徳ですが、それを通り越して卑屈になってしまっては、相手から敬遠されてしまいます。恋愛の初期段階では、多少アバウトに相手の行動を受け止めるくらいでいいのです。

大事なのはお互いが抱く好意と、もっと相手を知りたいという気持ち、そこから生まれるキャッチボールで剛速球を投げたり緊張のあまり暴投をしたりしないことです。大切なのは、相手のとりやすいボールを投げることなのです。

頑張らない

ではアバウトになり、スキを作るにはどうすれば？　ということになりますが、スキは「頑張って作る」ものではありません。むしろ頑張らないことででき上がっていきます。そして、それが色気に繋がっていくのです。

色気とは、美人だったり、美しい服を着ているからといって醸し出せるものではありません。自分に自信があり生き生きしていながらも相手を許容するふところの深さがある。これが色気に繋がります（ちなみに自分に自信がなく相手を受け入れてしまうのは単なる愛人体質です）。

というわけで、彼氏ができない理由の一つはスキのなさだと思います。

自分と相手のバランス

次に考えられるのは、「理想が高い」という可能性です。要は、自分と相手とのバランスを客観視できていない。

合コンに出掛けたとき、自分のことをさしおいて男性陣に対する不満ばかりもらしてしまうことはありませんか？　もしあるのであれば、その高望み傾向はただちに反省すべきです。相手をあれこれ言う前に、自分はどうなのか、と。

たとえば、これまで好きになった相手はどんな男性でしたか？　外見、センス、能力、など好条件がそろったタイプ、もしくは適度に自分に自信がありモテる男性だったのではないでしょうか？　だとしたら、彼にはあなた以外にもアプローチしてくる女性がたくさんいる可能性は大いにあるわけで、彼はその女性たちのなかから容姿・スタイル・性格・色気などにおいて最もレベルの高い女性を選ぶ可能性が高いわけです（恋愛の初期段階で女性の職業や学歴などを重視する男性はそんなにいません)。

年収50億のベッカムが妻に選ぶ女性は、全英で大人気となったアイドルグループ・スパイスガールズで一番のセクシーぶりを誇り、その美貌とセンスからブランドを手がけるなど数々の事業も興し、お金に不自由せず、今でも充分やせているのにワールドカップ前には8キロダイエットする美意識を持つヴィクトリアなわけですよ。それくらいの女性で、ようやくベッカムとバランスがとれるわけです(それでもベッカムは浮気したわけですが…)。

まぁ、これは極端な例ですが、要するに、カップルには「釣り合い」というものが必要であって、釣り合っていない相手を好きになったところで成就させるのは難しいのです。

生まれてこのかた彼氏ができたことがない、という女性はこの事実を認識していないケースが非常に多いので、もしあなたに思い当たる部分があるなら、モテる男性だけでなく、もっと多くの男性に目を向けた方がいいでしょう。人が幸せになるためには向上心も大事ですが、同時に身の丈を知ることも大事なのです。

セオリー 39

身の丈を知る

…キビシイことを言ってしまいましたが、ここまで読んで、どうでしょう？　京子さんの場合、自分の友達がその男性と付き合い始めるということは、同時に複数の女性に好かれるだけの魅力を持った男性を好きになったということなので、やっぱりモテる男性を好きになる傾向がありそうな気はします。

彼氏ができない一番の理由

彼氏ができない理由、その③。恋愛が人生における重要項目ではない。実はこれが彼氏ができない大きな理由の一つになっている可能性も高いのです。

まぁこれは卵が先かニワトリが先か、みたいな話で、恋愛が人生における重要項目ではないからこそスキができず色気が出ない、行動もしない、ということになり得るわけです。『自分の時間を楽しもうとしたり自分磨きに専念しているうち、結局一人でもいられるようになってしまった』と京子さんは言っていますが、いくら自分磨きに専念しようとしたところで、一人でいられない女性は一人でいられないのですよ。これができる時点で、その女性はいわゆる恋愛体質ではないのです。

続いて、理由その④。本気の彼氏彼女ができない人にこれまた多いパターンなのですが…親から自立できていない、すなわち精神的に自立できていない。親との関係があまりに強固で本人もその状態になんだかんだ満足しているため、別のところで密接な関係を作る必然性を感じていないのです（親と強固な関係があっても、それを本気で窮屈に感じている場合は、むしろ外で早く相手をみつけて自立しようとするものです）。これは、自分だけの努力でどうこうできるものではないだけに、少々時間と気力を要するモンダイですが、自覚していない人も多いので、まずは気づくことが克服するための第一歩となります。

とにかく京子さんのようなタイプの女性は、もっとアバウトに、おおらかに、ゆるやかになるべきなのです！　そうすれば隙ができ→色気が醸し出され→男性からモテ始める。解決！

…いえ、もちろんそう簡単にはいかないでしょう。でも、心がけるだけで全然違ってくると思います。

とにかく、考えすぎずアバウトに！　自信を持って！　いろいろな男性に目を向けて！

そうしていくなかで「人を好きになる気持ち」をジワジワ思い出してください。きっとできますよ！

理想の恋がしたい

「こんな恋愛したいなぁ…」。頭で想い描く理想のイメージは誰にだってあるもの。では、そんな理想を現実にすることはできるのでしょうか？　そもそも現実にしようと思っていいものなのでしょうか？　佐奈さんの悩みを例に、考えていきましょう。

case 18

なかなか恋愛に縁がない私。どうすれば理想通りの素敵な恋愛ができる？

私は女子高、女子大出身です。今も女性だらけの職場で、なかなか恋愛に縁がありません。見知らぬ人に連絡先を渡されたり、紹介を受けそうになったことは何度かありますが、抵抗があったので断りました。私の好みのタイプは年上で、今まで自分から好きになった人は10歳以上離れた人ばかりです。でも告白したことはなく、すべて片思いで終わりました。好きで好きで仕方ないような人に全力で片思いをしたのち、

両思いになりたいです。今後、どうしたら年上の男性と素敵な恋ができるでしょうか？（佐奈さん）

今回も愛のムチをふるわせていただきます！

まずは、佐奈さんの置かれた状況を一つ一つ見ていきましょう。

妙なこだわりは捨てた方がいい

『知らない人にアドレスを渡されたことが何度かある』。

…佐奈さんは自分から動かなくてもモテるタイプだということではありませんか！　きっと可愛い女の子なのでしょう。つまり、佐奈さんがその気になれば恋愛は始まるということです。

…でも、残念なことに、『抵抗があったので断った』。そして、『基本的に、紹介やメールで始まる恋愛なんかしたくない』という気持ちが佐奈さんにはある…。

…ようですが、今後佐奈さんが恋愛を謳歌できるようになるには、その考えを改めた方がいいかもしれない。

「〇〇から始まる恋愛なんかしたくない」という気持ちは、できることなら捨てた方がいいです。

いや、簡単には捨てられないでしょうし、「こういう出会い方がいいなぁ」と憧れる気持ち、「こういうのはイヤ」と嫌悪感を抱く心境、よくわかります。

でも恋愛って、「出会い方」や「きっかけ」にこだわっていたら、ものすごくチャンスが減ってしまうものなんですよ。本来、付き合ったらものすごく相性がいいかもしれない相手と出会うチャンスがものすごく減ってしまうんです。

…という言い方ではピンと来ないかもしれないので、逆の言い方をすると。

「恋愛を意識しない場で知り合って恋愛関係になる」というのは、ものすごく難しいし、可能性が低いことなのです。

恋の相手が見つかる可能性

もちろん、そういう形で両思いになったり結婚したりする人もいます。でも、ごくごく一部だと思います。世の中に、出会い系サイトや出会いパーティーや結婚相談所がこれだけたくさんあるのはどうしてだと思いますか？　日常のなかでは恋愛相手がみつからないからです。

なぜみつからないのかというと、単純に可能性が低いから。

たとえば就職した会社に、男女あわせて60人の社員がいたとしましょう。仮に男女が半々ずついるとして、男性は30人。その30人のなかに、佐奈さんが個人的に親しくもないうちから「素敵！」と、ときめく相手が果たしているかどうか？　というモンダイがまずあります。同世代ばかりとは限りませんし。

仮にときめく相手が幸運にもいたとして、その時点でライバルがいる可能性は高い。なぜなら、出会ってすぐに「素敵」と感じるような男性には自分以外にも最低5人の女性がときめいている！（ヨダエリ恋愛研究所調べ）…なので、彼に自分を選んでもらえる可能性は五分の一に減るわけです。が、モテモテの彼からするとその5人とも好みじゃないというやるせない状況も起こり得る。そうなると、もう可能性はゼロに近くなってしまうわけです。

なんだかネガティブな話をしてしまいましたが、理想に固執するとそんな不毛な状況に陥りがちで、だからこそ、恋愛に対する考え方と行動様式をポジティブに変えていく必要がある！と言いたいわけなのです。

可能性を広げる方法はいくらでもあるのです。

その一つが、「出会いの場、出会い方に対するこだわりを捨てる」ということです。

セオリー 40 出会いの場や出会い方に対するこだわりを捨てる

紹介やメールで出会ったっていいじゃありませんか。メールは、出会い系サイトなどの場合はちょっと注意した方がいいとは思いますが（恋愛スキルにもよるのでまったくダメとは言いません）、リアルな場で、自分以外の誰かにも見守られている形でメールアドレスをもらったなどであれば、モンダイないのではないでしょうか。

…あれですかね。もしや佐奈さんは、自分を最初からガッツリ「女」として見られるのがイヤなのでしょうか。まずは人間として見てほしい、そういう気持ちがあるのでしょうか。もしくは、最初から女性として見られるのがイヤというより自分が最初から相手を異性として意識するのがイヤというか。まずは人間同士として知り合いたいというか。もしそうだとするならば。それはそれでいいと思います。友達として仲良くなっていったのち、恋仲になる男女も世の中には大勢いますから。

ただ、その場合も、男性の方は女性を最初から異性として見ていたというパターンはものすごく多いということは憶えておいてもいいかも…と思いましたが、忘れていいです。なぜなら、あまり男心をわかりすぎると、逆にチャンスを逃すからです。女に限らず、人は異性の気持ちを理解できすぎてしまうと、あまりいい目にあえなくなるので…。

いえ、もちろん大人の男女には異性への理解は必要なんですよ。それがないとトンチンカンな行動をしたり、自分本位な発想と行動パターンに終始してしまい、好きな人に呆れられてしまいますから。

恋愛ではＮＧなこと

…というわけで次に行きますが、この後の佐奈さんの考えも、恋愛の可能性を広げるためには捨てた方がいい考えかも、と思う部分だったりするのです。

『好きで好きで仕方ないような人に全力で片思いをしたのち、両思いになりたい』。

これ、唸りました。「好きで好きで仕方ないような人と両思いになりたい」ではなく、「好きで好きで仕方ないような人に全力で片思いをしたのち、両思いになりたい」。

…片思いをしたのち、でないといけない理由は何でしょう？　誰かに恋する気持ちを存分に味わいたい、ということでしょうか。だったらいいのですが、あえて「ふり向いてもらえない時期があった方がいい」と考えているのだとしたら、いや、その気持ちもわからなくはないというか、確かにその方が相手に対する想いが盛り上がるし成就したときの喜びもひとしおであることは間違いないのですが！　ですがですが！

頭で固めた理想にとらわれ過ぎてはいけません！

「片思いをしたのち両思いになりたい」という気持ちはある意味わかると言いましたが、頭で固めた理想にとらわれ過ぎるのは恋愛ではＮＧです。

セオリー 41 理想にとらわれすぎない

理想を持つのはいいです。でも、理想にこだわり過ぎると、それは確実に恋愛の邪魔になります。

なぜなら、恋愛は自分の理想通りに進むものではなく（当たり前ですが）、相手のエゴと自分のエゴのぶつかり合いと歩み寄りによって成熟していくものだからです。「自分の理想は曲げません！」という考え方の者同士では絶対に成り立たないし、進展しないのです。

片思いをしていると、成就することがゴールインのように思えてきますが、実際にはそれはゴールではなく、むしろスタートなのです。両思いになるまでよりも、なったあとの方が何倍も大変です。何も努力せず歩みよらず自分自身を変えずスムーズに付き合いが続くことの方がマレなのですから。

片思いを美化するのは危険

片思いにロマンティシズムを持つことは女の子としてアリです。

が、現実の恋愛でうまくいきたい、幸せになりたいと思うなら、頭で固めた理想にとらわれず、柔軟な考えを持つことが、とってもとっても大切です。

たとえば、ひょんなことから日本で知り合って好きになった外国人の男性が実は遠く離れた国の王子さまで、どうやっても恋愛を成就することなんてムリだから片思いを楽しむことにしている…みたいな状況なら仕方ないですが、現実にいて手を伸ばせば触れられる相手で、勇気を出せばどうにかなるかもしれない相手に対する片思いを美化するというのは、恋愛で自己完結するクセがついてしまうという意味で、非常に危険です。

…何がどう危険かというと。

おそらく佐奈さんが書いているような「全力で片思いをする」相手って、その時点できっとモテモテな男性なのですよ。女性に全力で片思いされるくらい素敵な人ということなんですから。つまり、佐奈さんが彼のことを想っているその瞬間、他にも10人くらいの女性が「○○くん、いいよね」とか「○○さん、かっこいいなぁ」とか想ったり話したりしているわけです。

そして「全力で片思いをしたのち両思いに…」というパターンへの憧れを持ち続けると、佐奈さんは自分からスキになった男性以外、目に入らないようになってしまうわけです。

「攻め」と「受け」

自分から好きになった男性としか付き合わない、という恋愛の仕方でうまくいく女性もいます。「常に自分から好きになり、自分からモーションをかけて両思いになる」というタイプの女性です。大体こういう女性は、自分からは告白してこない奥手だったり不器用だったりする男性を好きになるので、告白すると男性はその積極性にズキューン☆とハートを打ち抜かれてしまいます。

「攻め」の女性と「受け」の男性は相性がいいのです。攻めの女性も、「自分は攻めた方がうまくいく」ということをわかっている。自分に合った恋愛の進め方をしているから、うまくいくのです。

では、それを佐奈さんに当てはめて考えてみましょう。

佐奈さんは受けか攻めか？

…おそらく脳内は「攻め」、でも実際の行動は「受け」なんですよ。

これは、恋愛経験が乏しい女性にありがちな構造で、要は、「理想は高く自分を曲げる気はないけれど、それを成就させるために自分からアクションをとるかというととらない」ということなんです。つまり、頭で描く理想と現実がズレているのです。

もし「ガーン」と思ったらゴメンナサイ。でも、自分に都合のいい理想に固執していると、現実の恋愛はなかなか進みません。この機会に、そこらへんの調節を始めてしまおうじゃありませんか。

大切なのはこれからなのですから！　もし、「全力で片思いをしたのち両思いになりたい」と、本気で思っているのであれば、その考えはこの機会に捨ててしまいましょう！

恋愛は、交際を始めて相手とちゃんと向き合ってからが勝負どころであり醍醐味です。それ以前のところで時間をとっていたら、メイン・イベントを味わえません。ディズニーランドの入り口でモタモタしていたら、エレクトリカル・パレードは終わってしまうのです！

注意するべきこと

そして、もう一つ。佐奈さんのようなタイプの女性に注意してほしい点があります。

それは、アプローチしてきた相手を簡単に切り捨てないことです。

「自然に知り合った相手じゃないとイヤ」「いきなり何か言ってくるような相手はイヤ」という気持ちがあると、せっかくアプローチされても、もれなくお断りしてしまいそうですが…。

それは非常にもったいない！　佐奈さんに魅力を感じて近づいてきた人たちが、せめて佐奈さんのどこに惹かれているのかくらいは、知ってみましょうよ！

そして、好きになった理由を「顔」などと言われても「ゲッ」とか「だから男は」とか思わず、相手とコミュニケーションをとってみてください。とっかかりはどうであっても、結果的にお互いの中身を含め、好きになれたらいいのです。あなただって相手のルックスや雰囲気で

「いいなぁ」と思ったりしませんか？　見た目だって魅力の重要な要素なのですから。

セオリー42 アプローチしてきた相手を簡単に切り捨てない

まとめると、恋愛に理想を抱きがちなあなたが注意すべきポイントは、頭で固めた理想にとらわれ過ぎないこと！　そして、自分を知り、自分に合った恋愛を知る！

…自分から行動できるタイプではないのに自分から熱烈に好きにならないとイヤ、というのは単なるわがままであって、それでは恋愛は進みません。

好きな人に自分からアプローチできるタイプじゃないならアプローチしてきてくれる男性を大切に思うべきだし、そういう形で始まる恋愛を大切にすべきなのです。

さらに言うと、佐奈さんの場合、好きなタイプは年上、と限定してしまっている。これも非常にもったいない！

確かに、人によって「年上と気が合うことが多い」とか「同世代だとスムーズに進展する」などの属性はあるので、思い込みではなく事実かもしれません。でも年齢なんて数字に過ぎないとも言えるのです。数字は生きた長さを表しますが、その中身は人によって違います。ものすごく老成した28歳もいれば、少年のような50歳もいる。今後、自分より年下でも年下とは感じさせない男性に出会う可能性は大いにあるのです。

年上もアリ、年下もアリ、同い年もアリ、こっちから好きになるのもアリ、相手からもアリ、友達から恋愛に発展アリ、いきなりの出会いアリ、という柔軟なスタンスで行きましょう！

そうすれば、「年上かどうかなんて関係ないんだな」と思える相手と素敵な恋愛ができると思いますよ！

chapter 6

恋愛グセ

そこで発想を変えないなんて、もったいない！

いつも恋愛がうまくいかない

自分はなんでこう恋愛ベタなんだろう。どうにかしたいけどどうにもできない、と悩み続けている女性は多いのではないでしょうか。どこにモンダイがあり、どうすればうまくいくのか。一緒に考えていきましょう。

case 19

なぜかいつも恋愛がうまくいかない私…このままずっとうまくいかないの？

好きな人ができても素直になれず、いつも2、3ヶ月でふられてしまう私。でも、30歳を前に出会った彼には、少しづつ心を開けるようになったのです。彼女がいるらしい、との噂も聞きましたが、そんな気配はないし、彼に聞く勇気がなかったので気にしないようにしていました。でも最近、彼からのメールや電話が減り、「もしかして自然消滅を望んでるの？」と悪い方にばかり考えてしまいます。傷つくのが嫌で連絡もできません。普段はポジティブなのに、恋愛になるとネガティブになってしまう。なぜ毎回うまくいかないんだろう、と悲しくなります。恋の駆け引きができない私には、幸せな恋愛は無理なのでしょうか。」(アキさん)

まず最初に触れておきたいことがあります。アキさんは、自分を「駆け引きができない女」と思っているようですが、その認識が、そもそも間違っています。

駆け引きとは

駆け引きとは、計算づくで動くことです。こうすれば自分に得になる、こうしたら損になる、と、利害を考えながら、自分に有利な方向にコトが運ぶよう動くことを言います。

たとえば、すごく相手に会いたいのに、「ここで自分から誘ったら軽く見られてしまって本命になれない」と考え、自分から動かずにいるのは駆け引きです。

あるいは、相手が頻繁に連絡をくれないことが寂しいのに、「ここであからさまに寂しそうにしたらウザがられて相手が去っていく」と考え、わざと平気なふりをするのも駆け引きです。

ポジティブな感情を隠すにせよ、ネガティブな感情を隠すにせよ、自分に不利にならないよう考えたうえで行動している点は共通しています（行動しないことも行動の一つです）。

駆け引きなしの行動とは

では、逆に、駆け引きなしの行動とは、どんな行動を言うのでしょう？

たとえば、会いたいと思ったら、相手に自分がどう思われるかなど考えず、正直に「会いたい」と伝える。

あるいは、相手のこういうところが嫌だなと思ったら、相手がムッとしたり、それによって自分から離れていくかもしれない、などと考えずに嫌な点を正直に伝える。

つまり、自分の行動を相手がどうとるかとか、それによって相手がどう行動するかなど先のことを計算せず、自分の気持ちに正直に行動することを、駆け引きなしの行動と言うわけです。

アキさんは自分のことを「駆け引きができない」と捉えているようですが、では「ストレートにぶつかる」タイプかというと、まったくそうではないですよね。むしろ行動だけ見ていると、駆け引きをしているように相手の男性から捉えられている可能性もあると思います。

「そんな！　自分にコトが有利に運ぶよう計算しているわけじゃないのに」と思うかもしれま

せん。確かに、「有利に運ぼう」としているわけではないと思います。でも、常に「傷つかないよう」計算して動いていますよね？　好きな人とうまくいく可能性より、自分の好意を相手に伝える大切さより、何より「自分が傷つかないこと」を最優先して行動しているのです。

アキさん以外に彼女がいるという噂を聞いても、彼に直接聞けなかったのは「傷つくのが怖かったから」です。

もちろん、傷つくのを恐れるのはほとんどの人間が持っている感情ですし、防衛本能が働くのはやむを得ないことです。ただ、アキさんの場合、その防衛本能が強すぎるのです。それは、相手の気持ちを察知する敏感さがあるからだとも思います。

実際、彼に彼女がいるかどうかを聞けずに悩んでいた（と言っていいと思います）ら、彼からの連絡が減り始めた。たぶん、こうなることをどこかでアキさんは予測していたのだと思います。不安要素を感じていたからこそ、彼女がいるかどうかを聞けなかったのでしょう。

とてもシビアなことを言ってしまうと…アキさんは彼とはたぶんうまくいきません。「彼女がいる」という噂が本当なのかどうかはともかく、そもそもアキさんが彼に気をつかいすぎて、本音をぶつけられない時点でうまくいかないのです。

つまり、『なぜ毎回うまくいかないんだろう？　私には幸せな恋愛は無理なのだろうか？』というアキさんの疑問にお答えすると。

うまくいかないのは、傷つくことを恐れ過ぎているから。そして、付き合う相手の選び方を間違えているからです。

自分に合わない相手を選んでいない？

もちろん、どんな相手と付き合うにせよ、付き合い始めは緊張するものだし、ギクシャクもします。でも、何度も会っているのに緊張が続いたり、言いたいことを言えずストレスがたまったり、消化不良のまま自然消滅…というパターンを何度も経験しているのだとすれば。それは「自分に合わない」相手ばかり選んでいる可能性が高いです。

「合わない」というのは波長が合っていないということですが、どうしてそんなことが起きるのかを考えてみたとき、一番に考えられるのは、常に「ときめき」だけを重視して、高望みした相手を選んでいるという可能性です。アキさんの場合、この線が濃厚ではないかと思われます。

今付き合っている男性が二股をかけるようなタイプでなく、誠実で真面目な人だとするならば、「真実を聞きたい…でも聞けない」なんていう状況にはなりにくいはずなのです。なぜなら、本人から「一途」オーラ、もしくは「何でも聞いていいよ」オーラが出ているはずですから。

アキさんが聞きたいのにどうしても聞けないのは、「聞いてくれるな」というオーラを彼が放っているからであって、アキさんも、「聞いてはいけない何かがある」と本能で感じとっているからです。

さっきからすごくシビアなことを言ってしまっていますが、この事実に気づくと気づかないとでは、今後の人生がまったく違ってきます。いくら自分が恋愛に対してポジティブになろうと努力したところで、相手選びを間違っていたら、どう頑張ってもうまくいかないからです。

セオリー 43

選ぶ相手を間違えない

人は恋をするとネガティブになる

もちろん、相手選びとは別に、アキさん自身のモンダイとして「物事をネガティブにとらえてしまう」ところは改善すべき点だと思います。

恋愛において、「彼、怒ってるかな」とか「彼、気を悪くしただろうな」と心配していたら実際はまったくそんなことはなく、「バカだなぁ」と彼に叱られてホッと一安心…なんてパターンは、少女マンガのなかだけでなくリアルにいくらでもあります。人は恋をすると、ついネガティブになってしまうのです。

それが、何かの拍子に「自分は本当に彼に愛されている」「彼に受け入れられている」と実感すると、たちまち自信が生まれ、今度はいきなりポジティブに生まれ変わります。女とはそういう生き物です。

男性の場合、自信を持つには社会で認められ、社会から必要とされることが必要なので、いくら恋愛がうまくいこうとも、そこまで極端に自信に満ちあふれた男性に変身！　ということにはなりにくい。

でも女性は、誰か一人でも「自分のすべてを受け入れてくれる人がいる」と実感することが、ものすごいパワーに繋がるのです（そういう意味でも、ワタシは女性には不幸な恋愛をしてほしくない、どうせするなら幸せな恋愛をしてほしい！と思っています）。

アキさんの場合、今後、ときめき重視ではなく、ちゃんと自分と波長の合う相手、つまり、言いたいことを言えて、聞きたいことを聞ける、そんな相手をちゃんと選んだうえでネガティブにならないよう気をつければ、きっとうまくいきます。いきなりは無理かもしれませんが、そのスタンスを続けることで、必ずうまくいくようになります。

そのためには、「ときめくけど言いたいことを言えなくなってしまう相手」ではなく、「ときめきもあるけれども、言いたいことを言える相手」を選んだ方がいいのです。

自分と合う相手の選び方

「どうやって？」と思うかもしれないので、超・具体的に説明すると、たとえば、これは何度も言っていることですが、一目惚れしてしまうような男性の周りには、すでに彼を狙う女性が少なくとも5人はいる、と考えていいでしょう。会話を交わさなくとも中身を知らなくても、女性が一目で惚れるということは、かなりの回転率で女性を射止めているということになりますから。そして、そういう男性は、女性を選べる立場にいるので、よっぽどストイックな性格でもない限り、二股くらいは当たり前でしょう。彼がそれを望まなくても、女性の方が「それでもいいから」と都合のいい関係を買って出ることもありますし（というか、おそらくそのパターンの方が多いでしょう）。

というわけで、もし「恋愛が得意ではない」と思うなら、一目惚れしてしまうような相手はやめておいた方が無難です。ちゃんと、うまくいく関係を望んでいるのであれば。

波長が合わないけどときめく相手や、あなたの気持ちの方が相手の気持ちより圧倒的に強い人とばかり付き合おうとするから、期待通りに進まないのです。

顔や雰囲気から瞬時に「イイ！」と思わなかったとしても、「話していて楽しい」と思えたり、「もっと知りたいな」と思えるような、そして、中身をジワジワ知っていくことで「波長が合うな」「一緒にいて違和感がないな」と思えてくるような、そんな相手を探してみてください（だからといって好みじゃない相手と付き合え、ということではありません。「生理的に受け入れられない」と感じる相手とは、どんなに頑張ってみたところで、やっぱりうまくいきませんし、遅かれ早かれ、どこかにひずみが生じるものですから）。

話を最初の方に戻すと、アキさんは、駆け引きができないのではなく、正直に気持ちを伝えられていないのです。「なぜ自分は駆け引きができないの？」なんてのは、本能を犠牲にしてでも得たいモノ（お金とか仕事とか…）がある女性が悩めばいいことであって、そういう目的があるわけではないなら、素直に自分の気持ちを伝えられて相手の気持ちを聞ける、そんな相手と恋愛した方がずっといい。

言いたいことを言えない状況が続くような相手は、アキさんの運命の相手ではないのです。

セオリー44 言いたいことを言えない相手は運命の相手ではない

さて、今後どうするか、です。連絡が減ってきている彼に言い残したことがあるなら言った方がいいし、自然消滅でもかまわないと思えるのなら、放っておくのも一つの選択です。

ただ、消化不良な恋愛は、のちのち尾を引く可能性が高い。今後アキさんがスッキリとスタートを切るためには、気になっていることはハッキリ聞いて、ちゃんと消化しきってしまった方がいいとは思います。

今の彼と別れることになったとしても、今後アキさんが経験を重ね、恋愛するたびに学び続ければ、必ずやアキさんにピッタリ合う人は現れます。なので、ここは勇気を出して聞いてみてはどうでしょう? 「なぜ連絡が減ったのか」「彼女がいると聞いたけど本当のところはどうなのか。怒らないから正直に言ってほしい」と。

勇気がいると思います。でも、勇気を出せない人間は、いつまでたっても恋愛で幸せにはなれません。

セオリー45

幸せになるには勇気が必要

ただ、「その勇気は今後出会う人のためにとっておく」と、前向きモードになれるのであれば、別に今の彼にしつこく質問する必要はありません。でも、気になるのであれば、聞いた方がいい。とにかく、しこりを残さないようにしてください。

恋愛でうまくいくためには傷つくことを恐れず行動する勇気が必要で、勇気を持つには「ちょっとくらい傷ついたって人間立ち直れるもんだ」という楽観的な姿勢が必要で、楽観的な姿勢を得るには経験の積み重ねが必要です。

人は経験を放棄すればするほど傷つくことを恐れネガティブ思考になっていきますが、経験を重ねれば重ねるほど「なんとかなるさ」とポジティブ思考になっていくのです。

大丈夫、これからいくらでも経験を積めるし、学べるし、出会えます。なかには自分の年齢を気にしている人もいるかもしれませんが、まったく気にする必要はありません。30代以降に運命の相手に出会う人なんて山ほどいます。むしろ、30代に入ってからが、イイ女になれるかなれないかの分かれ道です。相手を見極められる、そして勇気を出せる自分になって、イイ女コースに進んでください！

なかなか人を好きになれない

世の中には、「気がつけば好きな人ができている」という人がいます。その一方で、「なかなか好きな人ができない」という人もいます。後者の場合、無理にでも誰かと付き合うべきなのでしょうか？　それとも、恋愛をあきらめるしかないのでしょうか？　まるこさんのケースをもとに考えていきましょう。

case 20

片思いの彼をふっきって新たな恋を探そうにも簡単に好きな人ができない…

私には今、好きな人がいます。でも遠距離片思い。この恋は無謀な気もするので、身近な生活のなかで新しい恋をした方がいいようにも思うのですが、恋愛体質でもないので好きな人もできにくく、そうしているうちに付き合うって何だろう…と考えてしまいます。一人でいることに不満もないわけで…。軽い気持ちで付き合う感じもよ

くわかりません。恋愛を難しく考えすぎなんでしょうか？（まるこさん）

まるこさんと同じタイプの女性、ワタシの友達にもいます。惚れにくくて、冷めにくい。一度好きになると長い間一途に想い続けるけれども、その恋が終わったあと、次の恋愛はなかなか始まらない。

これはもう、本人の生まれつきの性質というか、別に誰かに迷惑をかけているわけじゃないなら、そんなに悩まなくても大丈夫なのでは、とも思うのですが…。でも、周りの友人が次々に恋におちていたり、恋愛がある生活を楽しんでいるのを見ると、「自分は変わっているんだろうか」などと考えてしまうものですよね。

実体のつかめないもの

結論から言うと。まるこさんは恋愛を難しく考えすぎているわけではないと思います。

「難しい」というのは、実際の恋愛で試行錯誤しつつ、でもなかなか思うように進まなかったときなどに感じることであって、まるこさんが感じているのは、そういう感覚とは違うものだと思うのです。

難しいとか難しくないとかいう以前の段階、どちらかというと、恋愛を実体のつかめない、ぼんやりとした謎の存在と感じているのではないでしょうか。「難しい」というのは、ある程度知っているものに対して感じることだけれども、まるこさんの場合、恋愛は知らないものだからわからない、という感じではないかと。

おそらく、まるこさんのようなタイプの女性は、これまでガッチリ誰かと交際した経験がない、もしくは付き合ったことがあるにしても、そこまで相手に夢中になったり、お互いの気持ちをぶつけあったりしたことはないのではないでしょうか？

…という問いを投げかけつつ、まるこさんの性質および状況を考察していくことにしましょう。

理性で考えていること

まずはこれ。『片思いで遠距離にも関わらず、相手を想い続けている』。

…ワタシ今回初めて「遠距離片思い」という言葉を聞きましたよ。まるこさんはサラッと使ってますが、遠距離片思いって、なかなか出てくる言葉じゃないですし、誰にでもできることではないです。

「片思いだからこそ想いが募る」という部分もあるかもしれませんが、普通は、もっとわかりやすい見返りを求めてしまうものだと思います。そして「寂しい！」「悲しい！」「むなしい！」と満たされない想いがサクレツして、つらくなってしまうものだと思うのです。親が子供に対して抱く無償の愛と違って、恋愛は相手に何かを求めてしまうものですから。

もちろん、まるこさんだって辛くないというわけではないでしょう。

でも、たぶん、「今の状況を続けてもいいなら続けられる」という感じではないかと思うのです。

おそらく、『この恋は無謀な気もするので、身近な生活のなかで新しい恋をした方がいいのでは』というのは、理性で考えていることであって、本能で「これはいかん」と焦っているわけではないと思うのです。

恋愛の活発度

ワタシ、先述の友人に「○○ちゃんの発情期は5年に1回だね」と冗談で言ったりしているのですが（親友で何でも話し合える相手なのです念のため）、おそらくまるこさんもそういうタイプなのではないかと推測します。誰かと出会って、「気になる↓相手のことをもっと知りたい↓接近したい・接触したい↓付き合いたい」という恋の王道チャートは、まるこさんの好みにドンピシャリな相手と遭遇し、なおかつまるこさんの恋愛バイオリズムが活性化しているときでないと動き出さないのでしょう。

…というワタシの言葉を読んで、まるこさんと似たタイプの人はもしかしたらズンズン落ち込んでいるかもしれませんが、恋愛に対する活発さの度合いはホントに人それぞれなのでネガティブに捉えなくていいですよ！　反対に、すぐ誰かを好きになってしまうために疲労困憊している女性だって世の中大勢いるわけですから。

では次。『付き合うって何だろう、と考えてしまう』。

…ここ、重要ポイントです。まるこさんは、好きな人ができにくい体質であって、それは簡単に変わるものではないでしょう。なので、むりやり人を好きになろうと思ってもそれは不可能だし、その必要もないと思うのです。

でも！

パートナーシップを育むことはできると思うし、その意味はあるはずです。「恋愛」という言葉やイメージにとらわれずに、パートナーシップという観点から考えていけばいいと思うのです。

「一人でいることに不満もない」とまるこさんは言っていますが、その気持ちは果たして5年後、10年後、20年後も続くでしょうか? もし「死ぬまで一人でかまわない」「なんとか生きていく覚悟はある」と思っているなら、それでいいと思います。

でも、もし「このままずっと一人は寂しい」と思うのであれば、心を許しあって共に生きていくパートナーを作るための準備をしていてもいいのでは、と思うのです。

簡単に人を好きになれない理由

まるこさんが「人と簡単に心を許しあわない女性」だと決めつけて話を進めちゃっていますが、おそらくこれは外れていないと思います。そして、ここに、まるこさんタイプの女性の悩みを解決するカギがあると思うのです。

一度心を許した相手にはものすごく情が深いけれど、そこに至るまでの心の壁がものすごく高い。

…おそらく、カギはこれです。「簡単に人を好きにならない」ことの裏には、「そう簡単に自分のことを理解できる人がいるわけがない」という気持ちが心の奥底に働いていることが関係している気がするのです。

逆のケースを言うとわかりやすいと思うのですが、惚れっぽい人ってすぐさま相手を信じてしまう人なんですよ。「あの人は自分を理解してくれる、受け入れてくれる人に違いない！」と。そこまで極端に思い込んでいないにしても、とにかく、どこかに「おめでたい」部分がある。でも、この「おめでたさ」が恋愛には必要なんですよね。恋ってある意味、脳内のお祭りみたいなもんですから。ニヒリズムに支配されていると恋はできないのです。

…とはいえ、「心の壁を低くしろ！」といわれて「ハイ！」と簡単に低くできるものではないですよね。そもそも壁を作っているにしても無意識に作っている部分が大きいわけですし。だから、それを力技でどうこうすることはできないし、その必要もないと思います。

パートナーシップという観点

そこで、さきほど言ったように、「恋愛」にとらわれず、パートナーシップという観点で、誰かと関係性を育んでいくことを考えてみては？ と提案したいのです。

『軽い気持ちで付き合うという感覚もわからない』とも、まるこさんは言っています。おそらく、人が瞬時にして誰かにのぼせあがったり、簡単に信じてしまったりする感覚がピンと来ないのだと思うのです。同様に、何かをきっかけに簡単に気持ちが冷めていく感覚も理解できないのではないかと。

でも、時間をかけて育んでいく信頼や、内面を徐々に知っていくことで育っていく愛情は理解できるはずです。それこそ、友情に近い感覚で、大事にできる人を見つけていけばいいのです。もしかしたら、それはすでにまるこさんの周りにいる親しい誰かかもしれません。

「恋愛とは瞬時に気持ちが燃えあがるものであり、なくなっても、すぐにまた新しく見つかるものらしい」と考えると、「それに当てはまらない自分は恋愛体質ではない」と思えて、「じゃあ自分はこのまま恋人ができないのか」と悲観的になってしまうのかもしれません。しかし、恋愛体質でなくとも大切なパートナーを見つけている人は山ほどいます。

セオリー44

恋愛体質でなくとも、パートナーは見つけられる

熱情で結びついていなくても、信頼と親愛で結びついていればいいではありませんか。

「でも、まったくときめきがないのは寂しい…」と思うでしょうか。

しかし、たとえばこれまでときめきを感じていなかった相手とも、セックスをしてみたら新たな一面が見え、ときめき始めた！　というケースだってあるわけですよ。

「肌を重ねるのが生理的にムリ」な相手をパートナー候補に組み込む必要はありませんが、もしそうではない相手で、一緒にいて違和感がなく、信頼できるならば、その人はパートナー候補たりえる人だと思います。

「恋愛とはこういうものだ」と既存のイメージに当てはめる必要はないのです。恋愛体質じゃなくたっていいじゃありませんか！

今は一人でも不満がない状態のようなので、すぐに行動を起こす気にはなれないかもしれませんが、もし気が向いたときがあれば、信頼できる異性の友人や知人と二人で過ごす時間を

作ってみてはどうでしょう？

あなたのペースで、あなたが心を許せそうな相手と、今までよりも親密なところに分け入っていくチャレンジ精神を小脇に抱え、信頼で結ばれた関係を育んでみてください。自分のココロとカラダの壁を徐々に壊していく勇気も忘れずに！

マイナス思考から解放されたい

素敵な出会いを恋愛に結びつけられるか否かは本人次第。相手の気持ちや自分の置かれている状況をネガティブに解釈するクセがついていると、手に入るはずの幸せも逃してしまうかもしれません。マイさんも、そんな不安を感じている一人のようです。

case 21

好きな人に素直になれず マイナス思考の私… どうしたらいい?

1ヶ月前、友人から「よかったらメールしてみて」と男性を紹介されました。彼は毎日メールをくれ、「会ってからも仲良くしようね」と言ってくれました。先日、友人も交えた飲み会で初めて会ったのですが、私は緊張して自分から話がまったくできず、彼は私の友人の方が気にいったようで、帰りには連絡先を交換していました。やっぱりなぁ、とがっかり。その後、彼から「友達にばっかり話しかけてごめんね。

友達が一人だったから話しかけた方がいいのかなと思って。もっと君と話したいから映画に行かない？」とメールが来ました。そんな彼に対して私は、どうせ気をつかって言ってくれてるだけでしょ、と思ってしまいます。…こんなマイナス思考の私、どうしたらいいでしょうか？（マイさん）

…マイさん。大丈夫です！　それくらいのマイナス思考なら全然治せます！

さっそく、マイさんの相談から、傾向と対策を一つ一つ考察していきましょう。

周りからの評価

まずは出会いから。『マイさんは先輩から「よかったらメールしてみて」と紹介された男性とメールを始めた』。

…この先輩っていうのが女性なのか男性なのかがちょっと気になります。もし女性なら特に何も考える必要はありませんが、男性だとしたら、これはプラスに受けとっていいと思います。

男性は「異性としての魅力ゼロ」と感じている女性をわざわざ知り合いに紹介したりしませ

ん。マイさんに何らかの魅力を感じているから、知り合いに紹介するのです。

つまり、マイさんが「自分なんて」と思っている自己認識よりも周りからの評価の方が高い可能性は大いにあるのです。「こいつを紹介するのはちょっとなぁ…」とは思われていない、ということですから。

では次。マイさんは緊張して自分から話ができず、『彼は私の友達の方が気に入ったようで帰りに連絡先も交換していて、やっぱりなぁとがっかりした』。

…マイさんが落胆する気持ち。すごくわかります。

が、彼は飲み会でどう行動すべきか、ちょっと迷ったんだと思いますよ。というか、もしそこでマイさんと二人の世界に入っていたら、周りから浮いてしまったのではないかと。おそらく彼はその場の雰囲気を読んだうえで、マイさんとガッチリ話すのは後日にしよう、と考えたのだと思います。

唯一気になるのは、二人のうちどちらが「連絡先を教えて」と言ったのか、というところです。もし勇気があるなら、というか、もし今後、彼と自分との関係をハッキリさせたくなるタイミングが来たら、このことを聞いてみてもいいかもしれません。

まとめると、まだ彼とマイさんの友達がどういう雰囲気だったか、彼の気持ちがどうなのかはわからないので、早合点しない方がいいです。「二人は両思いなんでしょ」と早合点することで、それこそマイナス思考が滲み出てきてしまって、うまくいくものもいかなくなってしまいます。

真実を知るまでは決めつけず、ニュートラルに行きましょう！

セオリー 47 真実を知るまでは何事も決めつけない

次です。『その後、彼から「友達にばっかり話しかけてごめんね。友達が一人だったから話しかけた方がいいのかなと思って。もっと君と話したいから映画に行かない？」とメールが来た』。

ハッキリ言えるのは、彼はマイさんを嫌いではなく、むしろ好意を持っていて、もっとマイさんと仲良くなりたいと思っているということです。その好意がどの程度のものなのか、マイさんの友達と比べてどうなのかは別として。

もし彼がマイさんの友達を気に入っていて、実際に会ってみたマイさんには脈ナシだとしたら、社交辞令でマイさんにフォローメールを出すくらいはするにしても、わざわざ映画には誘わないと思います。彼がものすごい映画マニアで、誰かと出かけるなら映画を観る時間に充てないと気がすまない！ なんて思っている人なら別ですが。

そうでないなら、映画に誘うというのは、マイさんのことを邪険にしていないというか、適当にあしらっていない気がします。飲みに行こうではなく映画、っていうところがポイントです。社会人の男女二人が食事や飲み以外の目的で会うというのは、お互いを結構真剣に捉えていないとできないことだと思うので。

彼はマイさんをもっと知りたいし、少なくとも一人の人間として好意を持っているのですよ。彼の気持ちが恋愛感情に発展するかどうかは、今後次第。マイさんの行動や二人の相性によって決まってくるものだと思います。

マイさんは、彼に対して『「気をつかってくれてるだけだろう」と思ってしまい、そんなマイナス思考をどうしたらいい？』と悩んでいる。

…ならば今後の対策として大切なことは、とにかく、あまり彼を疑わず、彼の内心を探ろうとせず、彼の言葉を素直に受けとって、いろいろ話をして、お互いを知って、関係性を深める努力をしていくことだと思います。努力というとなんだか堅苦しいですが、要は自分の気持ちに正直に、悔いのないように行動しましょう！　ということです。

誰からも愛されない人などいない

マイさんのように「自分はマイナス思考」と考えてしまう人は、おそらく自分に自信がないのだと思うのです。「自分なんかが誰かにまるごと受け入れてもらえるわけがない」とどこかで思い込んでいるところがあるのではないでしょうか？

…だとしたら、それは大きな間違いです。誰にも受け入れられない人、誰からも愛されない人なんて、この世にいません！

もしいるとするならば、その理由は本人がそう思い込んでいるところにあります。「自分なんて」と常に自分を卑下しているネガティブな人と一緒にいたいとは思わないですよね？

もちろん、自分の根っこに住み着いている「考え方のクセ」は、そう簡単に変えられるものではありません。

でも、「人は簡単に変われない」というのは一方では事実ですが、一方では間違いです。

「変われない」と思い込んでいる人は絶対に変われないし、変わることを恐れない柔軟な姿勢を持っている人は、どんどん変わっていけるのです。

そして、そういう意志のある女性は、いえ、男性もそうですが、絶対にパートナーがみつかります。なぜなら、恋愛するために必要なのは「自分が変わることを恐れない」ことだからです。

逆に言うと、自分を絶対に変えたくない、と頑なに思い続けている限り、恋愛はできません。人と人が交わり、絡まり、解け合い、一緒になったり離れたりしながら、どんどんどんどん変容して、二人にとって心地よい、しっくりくる形を作っていくプロセスこそが恋愛なのです。

セオリー 48 自分が変わることを恐れない

信じやすいくらいの方がうまくいく

そのためには、人をむやみに疑ってはいけません。なんでもかんでも信じるのは危険ですが（特に女性は）、信じやすいくらいの方が恋愛はうまくいきます。無邪気に信じてくれる女性を男性は離したくないし離しにくくなるからです。

それじゃあ男性に浮気されたりふられたりして「信じてたのに…！」と泣く女性がたくさんいることの説明がつかないじゃないか！　と思うかもしれませんが、そういう女性は実は相手を信じていないのです。むしろバリバリ疑っています。

相手を疑うから自信がなくなるのか、自分に自信がないから相手を疑うのか、どちらが先かはニワトリとタマゴみたいな話になってきますが、とにかく「自信がない」＆「相手を疑う」という二つのグルーヴが増幅し、相手を信じる気持ちより縛りたい気持ちが勝ってしまったとき、それを感じた男性の気持ちは萎えていくのです。

…もちろん、女性ばかりに責任があるわけではありません。相手を愛さない男性と付き合ってしまったら、そりゃ疑いたくなるし自信もなくなります。つまり、恋愛がうまくいくかどうかは（当たり前ですが）「誰と付き合うか」によって大きく変わってきます。

それを見極める力量は人によって違いますが、経験を積むことによって磨くことはできます。では経験はどうやって積めばいいのかというと、まずは相手を信じてコミュニケーションしていくしかないのですよ。

大切なのは心を開くこと

相手を信じず、心を開かず誰かと付き合ったところで、それは恋愛経験を積んだことにはなりません。ただ自分の前や後ろをを通り過ぎた人数が増えただけです。

大事なのは心を開くことです。彼が自分に心を開いてくれたら嬉しいですよね？　それは彼も同じです。彼に伝えた言葉を素直に受けとってもらえたら嬉しいですよね？　それもやっぱり同じなのです。

恋愛で傷つくことはあっても、別に死ぬわけじゃありません。ドーンとかまえて、心を開いて、好きな人と向かい合ってみましょうよ！

おわりに　本気の恋は無駄にならない

恋愛は、人間の「まる裸になりたい」欲望と「隠したい」欲望とがせめぎあうさま、葛藤しながら自分なりの答えを見つけ成長していくさまが、とてもドラマティックです。そして、そのドラマの中身は多種多様。恋愛を語ることは人間を語ることだとワタシは思っています。

巷には恋愛本が溢れています。その多くは、相手が一人であろうと複数であろうと、「誰かをオトす」ことに焦点を当てています（それだけ需要があるということでしょう）。

が、ここまで読んでくださった皆さんはお気づきかと思いますが、ワタシが本書で書いている恋愛の到達地点は、必ずしも「相手をオトすこと」ではありません。たとえそれが本気の相手であっても。

もちろん、恋愛も成就できて幸せになれたらベストですが、必ずしもその相手とくっつくことが幸せではないよ？　ということを語っているのが、本書が他の本とは違うところです。

成就も別れも失恋も、自分の人生にプラスにしていける。相手と付き合うことになろうと、別れることになろうと、一人で歩くことになろうと、恋したことを活かしていこう！　いや、活かせるから！　ということが、ワタシがこれまでの経験を通じて感じてきたことであり、本書を通じて伝えたいことなのです。

あなたという人間は一人しかいないし、人生には限りがある。だから、同じ失敗を二度くり返すのはもったいないし、勇気を持って行動しないのはもったいない！

この言葉があなたの胸に響き、何らかの変化に繋がれば、こんなに嬉しいことはありません。

最後に、情報センター出版局の皆さん、プライムワークスの皆さんをはじめ、本書に関わってくれたすべての方々、恋愛バナシを提供してくれた仲間たち、ワタシを支えてくれた友人と家族に、感謝の言葉を捧げます。ありがとう！

そして恋する女性の皆さん、これからも頑張って！

満開の桜がまぶしい季節に、愛をこめて　ヨダエリ

本書は、「eBookJapanコミック」にて2005年9月〜2008年2月に
連載したものを大幅に加筆修正したものです。
現在も好評連載中(http://www.primeworks.jp/ebookJmobile/)

その恋、今のままではもったいない!
本気の恋を実らせる48のセオリー

発行　2008年5月2日　第一刷

著者　ヨダエリ

発行者　関裕志

発行所　株式会社情報センター出版局　EVIDENCE CORPORATION

〒160-0004東京都新宿区四谷2-1　四谷ビル

電話:03(3358)0231　振替:00140-4-46236

URL:http://www.4jc.co.jp

装丁　岩瀬　聡

写真　Laura Lane

印刷　株式会社光邦

ISBN 978-4-7958-4842-9

定価はカバーに表示してあります。
落丁本・乱丁本はお取替えいたします。